U0922758

2022年度省重点出版项目

走进大渡河系列丛书之五

资源大渡河

ZIYUAN DADUHE

丹　巴　夏梦泱晴◎编著

四川民族出版社

图书在版编目（CIP）数据

资源大渡河 / 丹巴, 夏梦泱晴编著. — 成都 : 四川民族出版社, 2023.11

（走进大渡河系列丛书）

ISBN 978-7-5733-1549-6

Ⅰ. ①资… Ⅱ. ①丹… ②夏… Ⅲ. ①大渡河–概况 Ⅳ. ①K928.42

中国国家版本馆CIP数据核字(2023)第198208号

2022年度省重点出版项目

走进大渡河系列丛书 ⑤

资源大渡河

ZIYUAN DADUHE

丹　巴　夏梦泱晴　编著

出 版 人	泽仁扎西
项目执行	俄　热
责任编辑	吕亚尼
责任印制	泽仁康珠
出版发行	四川民族出版社
	（成都市青羊区敬业路108号）
成品尺寸	170mm × 240mm
印　　张	13
字　　数	200千
制　　作	成都华桐美术设计有限公司
印　　刷	成都兴怡包装装潢有限公司
版　　次	2023年11月第一版
印　　次	2023年11月第一次印刷
书　　号	ISBN 978-7-5733-1549-6
定　　价	45.00元

目录

写在前面的话

20世纪80年代末90年代初，我们姐弟出生在大渡河流域的一个小山村，少年时代在丹巴、康定、炉霍生活，每年春节都回乡下老家过年，与同龄伙伴畅游，与同乡老人共舞，享受“古碉、藏寨、美人”的恬静，领略“高山、大河、田园”的秀丽。

2019年11月，弟弟在《四川发展》上发表《大渡河流域旅游环线建设初步思考》后，专修过旅游管理的姐姐，灵感闪现，建议收集描绘大渡河奔腾的浩海文献并分类汇编。2020年，弟弟考入四川大学历史文化学院（旅游学院）攻读旅游管理博士研究生，专业的思考与个人情怀开始激烈碰撞，编写《走近大渡河》系列小丛书的思路，在你一言、我一语中渐渐清晰。弟弟说方向、搭框架，姐姐收资料、搞审核，一拍即合、一唱一和、一气呵成。

《走近大渡河》系列小丛书包括《图说大渡河》《红色大渡河》《文化大渡河》《美丽大渡河》《资源大渡河》。2021年，正值伟大、光荣、正确的中国共产党成立100周年，由于正在举办党史学习教育活动，我们乘势而上，率先编成《红色大渡河》，内容包括“惊天动地的红军长征”“战天斗地的川藏公路”“震天撼地的成昆铁路”“翻天覆地的脱贫攻坚”。

本套小丛书尽情展示了大渡河流域红色的故事、英雄的人民、悠久的历史、独特的人文、巍峨的雪山、青青的草地、奔腾的河流、蜿蜒的峡谷、矗立的古碉、多彩的民居、绝美的藏寨、俊秀的城镇、雄伟的桥梁、静静的水库……能让每一位读者在阅读后，对大渡河深情向往，不能忘怀。

在编写这套小丛书的过程中，得到了老师和长辈们的精心指导，老乡和同事们的倾情奉献，同学和朋友们的大力协助，我们也由此接受了一次鲜活的心灵洗礼！

大渡河，奔腾吧！

大渡河，自豪吧！

丹巴

夏梦泱晴

2021年10月

大渡河流域概况

大渡河，古称北江、涐水、沫水、大渡水、鱼通河、金川、铜河……位于四川省中西部，历史上被作为长江支流岷江的最大支流。但从河源学上应为岷江正源。

大渡河发源于巴颜喀拉山的果洛山（年保玉则），起于青海省果洛藏族自治州久治县，经班玛县，在壤塘县茸木达乡进入四川阿坝州境内，流经阿坝县、马尔康市、金川县，在丹巴县进入甘孜州，又经阿坝州小金县后，过康定市、泸定县，在石棉县进入雅安市，经汉源县，进入凉山州甘洛县，在金口河区进入乐山市，经峨边县、峨眉山市、沙湾区、沐川县，于市中区注入岷江，流域面积7.72万平方千米（不含青衣江），河长1074千米。多年平均流量1988米^3/秒，多年平均水资源量459.17亿立方米，多年平均径流深603.7毫米。四川省内面积6.79万平方千米，省境内河长871千米。

大渡河支流较多，四川省境内流域面积在1000平方千米以上的支流有22条，在10000平方千米以上的支流有2条。传统上认为，大渡河在大金川以上有三源：梭磨河、绰斯甲河（上源为青海的杜柯河、多柯河）、足木足河（上源青海的麻尔柯河，亦称玛柯河），足木足河为正源。

大渡河在泸定以上为上游，泸定至乐山市铜街子为中游，铜街子以下为下游。

久治县

大渡河正源足木足河，发源于青海省果洛州久治县哇尔依乡查七沟顶山岗以北6千米无名山（属巴颜喀拉山脉东段）南坡，源头地理坐标为东经100° 23′、北纬33° 39′，源头高程4708米。大渡河青海省境内干流称为麻尔柯河（玛柯河），东南流经久治县东塔，于白玉左纳俄柯后，东南至班玛县多贡玛。

班玛县

麻尔柯河（玛柯河）与流经达日县的满掌河相会后，转东南经班玛县城东，又南过亚尔堂、灯塔、下科培转东，右纳恩则柯（又称则柯），左纳哑巴沟、折尔朗沟，又向东为四川与青海的界河，转南进入四川省境为壤塘县与阿坝县的界河。

麻尔柯河（玛柯河）在青海省的里程约210千米，流域面积6341平方千米，落差780米，多年平均流量60.3米^3/秒。

主要支流县

达日县

满掌河。源出达日县北塔什温附近，流经达日县，在班玛县多贡玛乡与麻尔柯河汇合。全长约47千米，流域面积312平方千米。

壤塘县

在四川省境内，麻尔柯河（麻尔曲）右纳壤塘县的则曲河，继又东流右纳莫柯，入阿坝县境。

杜柯河（多柯河）。为绰斯甲河干流的上游河段，源于青海省达日县，经色达县东北、壤塘县城，与色曲汇合后称绰斯甲河，后于金川汇入足木足河，河段长119千米。

则曲河。源出壤塘县，河长101千米，流域面积1622平方千米，多年平均流量19.1米^3/秒。

阿坝县

麻尔柯河过亚尔勒果至伊俄，右纳格浪河，左纳莫朗河、果朗沟；再东过柯河乡，左纳阿嘎木朵河，右纳亚朗河；至达格娘，左纳尼柯河；过错昆后转南至夺沟，右纳目杰柯；又南至色尔吉，左纳阿柯河，以下即称足木足河。南行又转东南，为阿坝县与马尔康市的界河，左纳夺壤拉杂沟。

尼柯河。河长71千米，流域面积1194平方千米，多年平均流量13.9米^3/秒。

阿柯河。发源于青海省久治县多木措湖，东流转向西南流，经阿坝县城，在茸安乡职尕注入麻尔柯河。全长160千米，流域面积5788.52平方千米，多年平均流量60.6米^3/秒。

马尔康市

足木足河至射江转南入马尔康市境，至日部乡，右纳木郎沟；转东南过康山（达维），右纳木尔甲河、协果沟，左纳热水塘沟、科拉基沟，再右纳马尔达布沟、阿拉林沟；又过三大坪转东南行，左纳茶堡河；南过脚木足乡，此处有足木足水文站；过站南流，左纳梭磨河，右纳玛绰沟；转西南过白湾乡，于双江口右纳绰斯甲河，以下称大金川，为马尔康市与金川县之界河。

茶堡河。河长83千米，流域面积1234平方千米，多年平均流量14.4米^3/秒。

梭磨河。足木足河左岸一级支流，发源于红原县壤口乡境内的羊拱山西北麓，壤口以上称壤口尔曲，壤口以下称梭磨河。流经刷经寺、梭磨、马尔康、松岗、白湾乡、脚木足乡，于热足下游两千米处汇入足木足河。河流全长182千米，流域面积3027平方千米，多年平均流量50.3米^3/秒。

金川县

大金川右纳可尔因沟，转东南流，左纳米洞沟；南至党坝乡，右纳卡拉脚沟，左纳盘龙河；又南入金川县境，右纳撒瓦脚沟，其下咯尔乡处有大金水文站，控制流域面积40484平方千米，多年平均流量520米^3/秒，水位变幅6.4米。再南下至金川县城东，左纳西里寨沟；又西南行，右纳独松沟，曲折南行，右纳协斯曼沟；至安宁镇，右纳色斯满沟，左纳安宁沟、炭厂沟、曾达沟；转西南为金川、丹巴二县界河。

绰斯甲河。源于青海省达日县下红科乡旺阿村，上游称杜柯河（多柯河）。河流自色达县东北进入四川省境，向东南流经壤塘，在黑桥接纳自色达县流出的色曲后始称绰斯甲河；渐转东流，入金川县境，经二嘎里乡，于金川可尔因汇入足木足河。全长447千米，流域面积16015平方千米，是大渡河上游最大支流。主要支流有来自色达县的色曲和来自道孚县的俄日河。

俄日河（玉曲）。源于道孚县东折多山北端海了山，北流左纳曲龙沟，北过七美、玉科，沿程多有温泉出露；右纳七格柯，左纳穷柯（其右支为查隆柯）；北过银恩乡，左纳嘎柯；以下转向东流，入金川县境。东至二楷，右纳莫孜沟、大莫孜沟；转东北行，左纳麦斯科沟、郎通沟；至俄热，右纳二安沟；又至科山，转北左纳颇拉喀沟，自东北方向进入二嘎里乡，汇入绰斯甲河。河长128千米，流域面积1910平方千米，多年平均流量31米^3/秒。

主要支流县

色达县

色曲。源头在境内海拔4860米的恰依岗娘。色吾沟、拖汝沟与拥拉沟在竹日康夺汇合后始称色曲。色曲由西北向东流经色达县城、色塘、色尔坝，在壤塘县境注入杜柯河。境内全长184千米，流域面积3234平方千米，落差1000米。

炉霍县

宗科河（宗柯）。源出炉霍县宗麦乡，流入阿坝州壤塘县，经宗科乡，汇入绰斯甲河。全长64千米，流域面积985平方千米。

道孚县

俄日河。俄日河在道孚境内被称作玉曲，主要流经道孚县七美乡、玉科镇、银恩乡等乡镇。

沙冲沟。发源于道孚县沙冲乡策曼都，于龙金洪出道孚进入丹巴县境内，经东谷乡汇入东谷河。沙冲沟全长45千米，流域面积800平方千米，多年平均流量16.8米^3/秒。

丹巴县

大金川左纳沈足沟，过耿扎，入丹巴县境，右纳甲斯沟；南过巴底镇，左纳麦尔沟，右纳二甲沟、水卡子沟，又左纳燕尔岩沟；南过巴旺乡，右纳革什扎河；在丹巴县城北又右纳东谷河，城东又左纳小金川，始称大渡河。此处有丹巴水文站，控制流域面积52738平方千米，多年平均流量743米^3/秒，水位变幅10.6米。南过格京镇，右纳绒坝沟；到鸭包，左纳汗牛河，为丹巴县与小金县界河。

革什扎河。主源发源于金川县毛日乡热它村西龙措海子，自北向南经藏木道纳入沙玛耳沟后称格希沟，继续向南流至丹东镇与右岸雀儿沟汇合后称边耳沟，后流经热洛、温平等地，右纳党岭河后始称革什扎河；革什扎河折向东南，过边耳、火地，左纳磨子沟，后经二瓦槽、大桑、布科等地，于巴旺乡汇入大金川。干流全长99千米，流域面积2520平方千米。

东谷河。发源于道孚县境内大雪山以及康定市与丹巴县交界的雅拉雪山，河流分为两源，南源称牦牛河，西源为沙冲沟，至陡水岩处两河汇合后即称为东谷河。河流自西南往东北方向经东谷镇、章谷镇后于丹巴县城西端注入大金川。东谷河全长87千米，流域面积1837平方千米，多年平均流量38.8米^3/秒。

小金县

大渡河纳汗牛河后向南，过琪日、开绕，左纳门子沟，进入康定市。

小金川。发源于梦笔山南麓的抚边河与源于四姑娘山的沃日河在小金县老营镇汇合后称小金川，向西流经宅垄镇，进入丹巴县，向西流经半扇门、墨尔多山，在丹巴县城与大金川汇合。干流长151千米，自然落差2340米，流域面积5254.8平方千米，多年平均流量104米^3/秒，平均年径流量29亿立方米。

汗牛河。位于小金县西南部，全长39.87千米，流域面积623.6平方千米，天然落差2660米。

康定市

大渡河左纳门子沟进入康定市境内，右纳溪河沟；南至孔玉，右纳二里沟、巴郎河，左纳野牛沟；南至下索子，右纳下索子沟，左纳金汤河；南过鱼通镇，左纳磨子沟，又左纳前溪河；南至姑咱镇前，右纳羊厂沟；南过姑咱镇，右纳康定河；南过抗州村后进入泸定境内。

康定河。又名瓦斯沟，上游源自雅拉雪山下雅拉河，向东南流经中谷、王母、三道桥、二道桥等，至康定城区右纳折多河后为下游，始称康定河；转东流经升航、日地、瓦斯，至瓦斯沟口汇入大渡河。全长78千米，流域面积1554平方千米，多年平均流量49米^3/秒。

金汤河。全长80千米，天然落差3372米，流域面积1129平方千米，多年平均流量37.5米^3/秒。

泸定县

大渡河左纳马蜂沟，南过烹坝，有泸定水文站，控制流域面积58943平方千米，多年平均流量895米^3/秒，水位变幅6.7米。过站至泸定县城西，大渡河上游段即止于此。南进泸定县城，过泸定桥；再南经冷碛镇，左纳花园沟；右纳磨西河；又南过得妥镇，左纳两岔河、王家沟、湾车河，为泸定县与石棉县界河。

磨西河（燕子沟）。其主流有两条，一条发源于黑海子，纳大杆沟、小河子沟、喇嘛沟，流经雅家埂，称为雅家河；另一条为冰川型河源，发源于贡嘎山北坡冰川雪山口，为燕子沟、纳南门关沟、磨子沟、海螺沟。两支流于磨西镇吊嘴汇合，称磨西河，流经大乌科，从金光、繁荣两地之间穿过汇入大渡河。磨西河全长43千米，流域面积923平方千米，落差3000米。

湾东河。源出贡嘎山东麓，又称大沟，纳板棚沟、飞水沟后注入大渡河。为泸定、石棉两县分界河。

石棉县

大渡河，右纳田湾河，入石棉县境王岗坪，经王岗坪，左纳海流河、撒喇池沟；经新民乡，右纳出路沟，左纳礼约河；经安顺场，右纳松林河（安顺河）、小水河，折东偏北右纳南桠河；过石棉县城，左纳响水沟，右纳高冲沟；过迎政乡左纳八牌河；过永和乡右纳要要沟，向东北为石棉、汉源二县界河；过丰乐乡左纳大冲河。

田湾河。发源于贡嘎山西侧，流经康定市和石棉县，全流域面积1397平方千米，河长90千米，多年平均流量42.3米^3/秒，落差2120米。

松林河。又名安顺河，源出九龙县东部，在石棉县蟹螺沟接纳洪坝河，至安顺场注入大渡河。长73千米，流域面积1446平方千米，多年平均流量55.6米^3/秒，落差2360米。

南桠河。发源于九龙县，流经冕宁县，再到雅安市的石棉县后，注入大渡河。全长78千米，流域面积1187平方千米，多年平均流量79.7米^3/秒，落差1714米。

汉源县

大渡河至小堡右纳宰骡河，左纳大冲河，东入汉源县境；过富林镇，左纳流沙河，转东偏南左纳白岩河，右纳西街河；过顺河乡后为汉源县与甘洛县界河；又左纳鲁布沟，往东左纳深溪沟、老厂沟。

流沙河。发源于飞越岭西麓，源头有两支：北支林口沟，源出桌子山；南支黑石沟，源出扇子山，两支在宜东镇林口汇合后始称流沙河。主要支流有黄家沟、旭家沟、二郎河、后河、木槿河等。流经宜东、九襄、富林等8个乡（镇），于富林镇汇入大渡河。全长72千米，流域面积1153平方千米，河口多年平均流量为22.9米^3/秒，落差2547米。

甘洛县

大渡河过顺河乡后为汉源县与甘洛县界河，南至尼日，右纳尼日河，转东行有成昆铁路与之平行延伸。过乌斯河镇，转北偏东，过毛不耳后为甘洛县与金口河区界河。

尼日河。发源于喜德县境相岭山北麓的木支村上方附近，上游喜德境内称尼波河，在越西县裤裆沟出口与越西河汇口以上称普雄河，汇口以下称漫滩河；于玉田镇则拉村流入甘洛县。在甘洛境内，甘洛县城以上俗称尔觉河，甘洛县城以下称尼日河，在尼日村处汇入大渡河。河长125.6千米，流域面积4331.6平方千米，多年平均流量117米^3/秒。

支流县

越西县

越西河。河长45千米，流域面积815平方千米，经马拖、大瑞、中所、越城、新民5个镇，汇入尼日河。

金口河区

大渡河过关村坝后转东偏南，过大沙坝入金口河区，右纳小河；曲折向东北至金河镇，左纳金口河；转向东南，为金口河区与峨边县界河。

峨边县

大渡河右纳官料河后，东入峨边县境内，右纳白沙河；又东过峨边县城北，折东北流过新场乡，左纳龙池河；东过江峨村，为峨边县与峨眉山市界河；东过江岩坝，为峨边县与沙湾区界河。

官料河。又名西溪河，俗称官庙河。官料河发源于峨边县与美姑县接壤的阿米都洛山顶峰东北面，自南向北贯穿峨边县境，至宜坪斑鸠嘴汇入大渡河。

白沙河。河源分大竹坝河和白杨河两条，其中主源大竹坝河发源于峨边县与马边县交界处之药子山一带，由南向北流经木兰坪、大竹坝后转向西北，后纳右岸文坝沟，经二坪、猫猫山及九龙后转向至新林镇；在新林镇有中岗沟、观音沟等支沟汇入，沿途小支沟也较多。大竹坝河过新林镇后在庙子岗与支流白杨河汇合始称白沙河，于峨边县城注入大渡河。

峨眉山市、沙湾区、沐川县

大渡河东过江峨村，为峨边县与峨眉山市界河。过毛坪镇右纳杨河，过江岩坝，为峨边县与沙湾区界河；左纳范店沟，转东南过五渡镇、田村、大沙坝，又为沙湾区与沐川县界河。再东入沙湾区境，北折至福禄镇后转西，过葫芦镇，左纳轸溪沟；再北行经沙湾镇，转向东北，出山区而进入丘陵区，河道显著增宽，过喜农镇进入市中区。

市中区

大渡河自东北方向进入水口镇，左纳临江河、峨眉河，又左纳青衣江，东行至肖公嘴与岷江相汇。

临江河。发源于峨眉山前山的大坪、偏桥沟、土地关，有两条主流，一是大沟，二是张沟。主要支流有发源于二峨山的柳溪河、沙溪河。

峨眉河。古称“铁桥河”，又名符汶河，主要发源于峨眉山前缘的弓背山、神挂山、尖峰顶一带，在黄湾镇桅杆坪（麻子坝）合流。另一源头来自石笋峰、九老洞的黑白二水，经清音阁合流，至黄湾镇的两河口汇入峨眉河。途中主要支流河有川主河（袁沟河）、双福河、虹溪河、黑桥河；在流经峨眉山市的黄湾镇、绥山镇、胜利街道、符溪镇后，流入乐山市中区汇入大渡河。

关于“建设红色大渡河文化旅游走廊”的建议

红色大渡河，传颂着红军长征以及修筑成昆铁路、川藏公路、川藏铁路、川藏高速、引大济岷的英雄故事；美丽大渡河，串连起雄伟的峨眉山、贡嘎山、跑马山、夹金山、四姑娘山；文化大渡河，孕育了郭沫若、阿来等文坛巨匠和天宝、杨东生等革命先辈。在这条文化走廊上，屹立着千年古碉，绵延着茶马古道。

大渡河流域是早期人类文明的重要发祥地，因其特殊的地理位置、独特的自然条件、丰富的历史遗存和鲜明的地域文化，长久以来受世人关注，是旅游开发的重点区域。大渡河流域资源储备充足、历史积淀深厚、区域文化独特、红色根基稳固，具备极大的文化旅游系统开发潜力。

1 大渡河流域的基本情况

1.1 自然地理概况

大渡河古称沫水，发源于青海省果洛山南麓，由大金川、小金川在丹巴县章谷镇汇合后始称大渡河，在四川流经阿坝州、甘孜州、雅安市，穿凉山州边境流入乐山市注入岷江末端。干流全长1062千米，四川省境内长876千米，流域面积7.72万平方千米，其中四川省境内6.79万平方千米，占全流域面积的87.95%。干流分上、中、下三段，泸定县以上为上游，在四川省境内流经阿坝州的壤塘县、阿坝县、马尔康市、金川县、小金县及甘孜州的丹巴县、康定市、泸定县，流域还包括红原县、色达县、炉霍县、道孚县部分地区；中游流经雅安市石棉县、汉源县及凉山州甘洛县、乐山市金口河区，流域还包括九龙县、越西县、喜德县、冕宁县部分地区；下游为乐山市峨边县、峨眉山市、沙湾区、沐川县、市中区，流域还包括犍

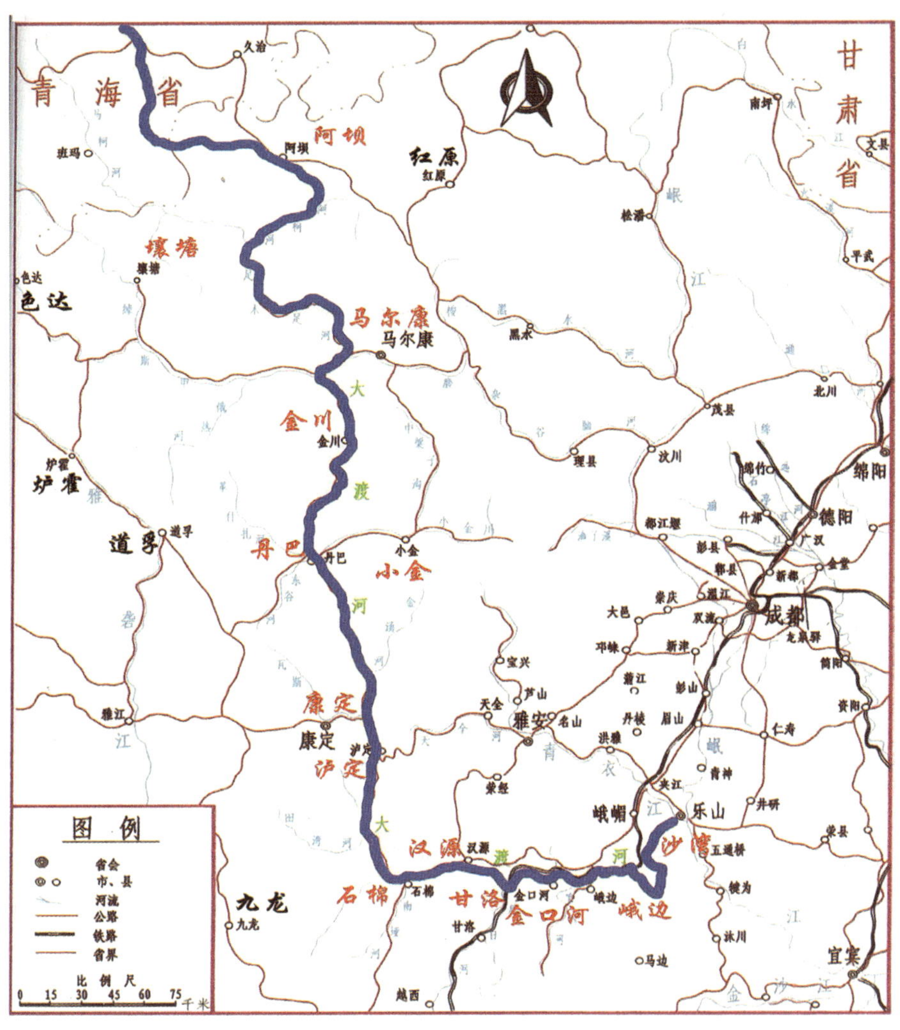

图1 大渡河流域示意图

为县部分地区。漫长的河道，复杂的地形，雄壮的峡谷，悬殊的气候，储藏着丰富而优质的自然景观。

1.2 社会经济概况

大渡河流经阿坝、甘孜、凉山“三州”和雅安、乐山“两市”，沿河及支流形成的河谷地区，从源头而下，依次成为藏族、羌族、彝族、回族等民族和汉族共同繁衍生息的聚居地和迁徙区域，也是汉藏、汉彝、藏羌、藏彝文化衔接融合的重要地带，具有浓郁的民族风情。由于历史上长期封闭，流域的特色文化、人文遗址保存较好，旅游文化资源多样性、独特性特点突出。2020年统计资料显示，大渡河流域四川省境内人口290多万，上游人口稀少，不足60万人；中下游人口稠密，有230多万人。上游各县以农牧业为主，中下游各县工业较为发达，全流域第三产业比重都较高，整体而言，相对流域经济落后。绝大部分县是重点生态功能区，发展文化旅游既是现实所需，更是政策所指。

表1　大渡河流域县（市、区）2020年主要经济指标

县（市、区）	辖区面积（平方千米）	户籍人口（万人）	地区生产总值（亿元）	第一产业增加值(亿元)	第二产业增加值(亿元)	第三产业增加值(亿元)
壤塘县	6640	4.7	13.41	3.81	0.75	8.85
阿坝县	10125	8.1	18.90	6.29	1.12	11.49
马尔康市	6626	5.3	41.42	3.81	2.30	35.31
金川县	5354	6.8	20.67	4.34	1.44	14.89
小金县	5565	7.7	24.37	4.42	4.46	15.49
丹巴县	4656	5.7	21.91	4.20	6.19	11.52
康定市	11486	10.6	109.96	6.67	46.07	57.22
泸定县	2165	8.6	29.27	4.82	8.4	16.04
石棉县	2679	11.4	102.38	16.40	33.41	52.57
汉源县	2215	28.6	110.58	26.82	29.58	54.18
甘洛县	2153	23.5	45.18	9.00	15.33	20.85
金口河区	598	4.8	34.26	4.99	17.44	11.83
峨边县	2382	14.8	57.56	9.03	26.83	21.70
峨眉山市	1181	42.5	35.09	3.42	11.81	19.96
沙湾区	606	17.11	184.84	19.76	115.84	49.24
沐川县	1405	24.8	78.39	20.90	26.88	30.61
市中区	837	64.9	430.92	38.29	126.95	265.68

2 大渡河流域文化旅游走廊建设必要性

2.1 国内外流域文化旅游开发的经验

流域因其地理特征明显，自然资源丰富，人类活动便利，文化底蕴厚重，一般都是现代文化旅游开发的重点区域。这方面，国内外都有比较成熟的开发模式和成功的开发经验，值得借鉴。

2.1.1 国外流域文化旅游开发

亚马孙河位于南美洲，是世界第二长河，凭借其丰富的自然资源优势，孕育了世界上最大的热带雨林。亚马孙河流域的开发主要围绕生态旅游、民俗风情旅游及探险旅游，以生态环境保护为第一原则，通过科学划定自然保护区，重视沿岸的原始森林保护工作，以热带雨林整体优势发展旅游业，维持原始热带雨林的自然景观、动植物旅游资源。利用沿岸的风土人情，使游客参与到当地人民的日常生活中，促进手工艺品的销售。凭借亚马孙河流域所特有的原生态自然景观、雨林气候，开展探险旅游，吸引游客。亚马孙河流域旅游开发不仅增加了森林维护的资金来源，也为当地人带来了手工业发展的机遇，还极大地传播了热带雨林文化。

莱茵河作为欧洲远近闻名的大河，是目前世界内河航运最为发达的国际河流。莱茵河流域是德国最重要的旅游资源之一，旅游业在德国莱茵流域经济中成为仅次于制造业的第二大产业。莱茵河流域的旅游开发重点关注水上活动项目，同时注重自然景观和人文景观、历史与文化相结合。其河畔的建筑、广场、雕塑都具有浓郁的艺术气息，对各地游客有强大的吸引力。通过对莱茵河流域的旅游开发，德国的风土人情转变为区域品牌，德国文化传播到全世界。

2.1.2 国内流域文化旅游开发

长江是中国的第一大河，景观类型众多，旅游资源丰富，开发的时间较早，程度较深。在长江三角洲地区，旅游发展主要以吴越文化为底蕴，充分挖掘上海的都市文化和历史文化，发展以城市观光、名胜古迹、主题公园为一体的自然兼人文特色的旅游产品。在三峡，旅游发展主要以长江自然文化、三峡水利、佛教文化、游船休闲为旅游品牌，将中国历史文化底蕴以旅游发展的方式广泛传播，不仅保护了文化多样性，也提升了人们的精神境界和文化修养。

珠江流域旅游发展的重点是特色文化，主要以区域合作的形式，着力打造“珠江文化旅游线”，通过整合多地文化确立珠江文化体系。以各个地区的特色景点为主要发展对象，依托区间的交通线路组合为特色旅游线路，加强相邻省区的合作关系，例如贵州与云南合作，打造珠江上游少数民族风情游等。以相邻省区之间的合作为起点，逐步深入，打造完整珠江旅游线路。

2.2 流域文化旅游走廊建设的必要性

大渡河流域自然资源、历史遗存和人文资源独特多元，具有充分的文化旅游开发要件，归纳起来主要具有“四条河”的鲜明属性，是建设红色大渡河文化旅游走廊的坚实基础。

2.2.1 资源之河

大渡河谷底较为温暖，农作物可以一年两熟或三熟，可种植小麦、青稞、水稻等，苹果、雪梨、樱桃及桃、柑、李等水果品种繁多。汉源花椒、金川雪梨、泸定樱桃、石棉黄果柑、小金苹果小有名气。上游地区牧草丰茂，畜牧业在当地占相当比重。流域森林面积占全省森林面积的15.3%，是长江上游重要的生态涵养地，历史上在色达、金川、丹巴、小金等地均设有省属森林工业局。流域内有虫草、麝香、贝母、鹿茸等名贵药材，大熊猫、金丝猴、扭角羚等珍稀动物名扬天下。金、银、铅、锌、煤等矿产种类丰富，石棉县因资源而得名，丹巴云母矿曾是中管企业。大渡河是国家十大水电基地之一，全流域水电资源理论蕴藏量在四川境内就有3000多万千瓦，占四川各江河水电资源总量的20.6%。特别是干流双江口至铜街子这593千米长的河段，天然落差达1827米，水能蕴藏量1748万千瓦，占据流域的50%以上。铜街子、深溪沟、瀑布沟、龙头石、大岗山、泸定、黄金坪、长河坝、猴子岩等大型水电站已建成发电，库区还形成了开阔的湖面。大渡河流域孕育了雪山、峡谷、森林、冰川等自然奇观，贡嘎山、二郎山、四姑娘山、墨尔多山享誉中外。丰富的山地景观、河流景观、峡谷景观、冰川景观、水利景观、草原景观等类型多样、各具特色。这为建设红色大渡河文化旅游走廊提供了有力的自然资源依托。

表2　大渡河流域自然保护地名录

名称	类型	属地
贡嘎山国家级自然保护区	自然保护区	康定市、泸定县、九龙县、石棉县
四姑娘山国家级自然保护区	自然保护区	小金县
南莫且国家级自然保护区	自然保护区	壤塘县
马鞍山省级自然保护区	自然保护区	甘洛县
金汤孔玉省级自然保护区	自然保护区	康定市
莫斯卡省级自然保护区	自然保护区	丹巴县
黑竹沟省级自然保护区	自然保护区	峨边县
墨尔多山省级自然保护区	自然保护区	丹巴县
栗子坪省级自然保护区	自然保护区	石棉县
党岭自然保护区	自然保护区	丹巴县
竹厂沟自然保护区	自然保护区	金川县
湾坝自然保护区	自然保护区	九龙县
岷江柏自然保护区	自然保护区	马尔康市
黑竹沟国家森林公园	森林公园	峨边县
海螺沟国家森林公园	森林公园	泸定县
二郎山国家森林公园	森林公园	泸定县
夹金山国家森林公园	森林公园	小金县
四川大瓦山国家湿地公园	湿地公园	金口河区
汉源湖省级湿地公园	湿地公园	汉源县
四川大渡河峡谷国家地质公园	国家地质公园	金口河区
海螺沟国家地质公园	国家地质公园	泸定县
四姑娘山国家地质公园	国家地质公园	小金县

2.2.2 历史之河

大渡河及其众多支流形成的若干天然河谷通道，是经久不息的“民族走廊”。茶马古道、嘉绒古碉等各类遗迹众多，还有西夏国灭亡后皇族迁徙大渡河的传说。这为建设红色大渡河文化旅游走廊提供了丰富的历史资源。

表3　大渡河流域历史遗址名录

名称	备注	属地
乐山大佛	全国重点文物保护单位	市中区
田坝土司遗址	省级文物保护单位	甘洛县
狮子山遗址	旧石器时代遗址	汉源县
九襄石牌坊	省级文物保护单位	汉源县
安顺场红军强渡大渡河遗址	省级文物保护单位	石棉县
三星遗址	宋代遗址	石棉县
泸定桥	全国重点文物保护单位	泸定县
磨西天主教堂	省级文物保护单位	泸定县
岚安苏维埃政府旧址	省级文物保护单位	泸定县
化林坪总兵府旧址	省级文物保护单位	泸定县
丹巴古碉群	全国重点文物保护单位	丹巴县
罕额依新石器时代文化遗址和汉代石棺葬墓群	全国重点文物保护单位	丹巴县
沃日土司官寨经楼与碉	全国重点文物保护单位	小金县
两河口会议会址	全国重点文物保护单位	小金县
达维会师遗址	全国重点文物保护单位	小金县
御制平定金川之碑	清代遗迹	金川县
哈休遗址	全国重点文物保护单位	马尔康市
松岗碉群	全国重点文物保护单位	马尔康市
大藏寺	全国重点文物保护单位	马尔康市

续表

名称	备注	属地
卓克基土司官寨	全国重点文物保护单位	马尔康市
棒托寺	全国重点文物保护单位	壤塘县
日斯满巴碉房	全国重点文物保护单位	壤塘县
措尔机寺	全国重点文物保护单位	壤塘县
茶马古道遗址	全国重点文物保护单位	康定市、泸定县、汉源县

2.2.3 文化之河

大渡河流域勤劳智慧的藏族、彝族、羌族、汉族等民族的人民创造并积淀了独具特色的民族文化。河流孕育了郭沫若、阿来等文坛巨匠和天宝、杨东生等革命先辈。大渡河流域各民族创造了各具特色的灿烂文化，上游藏族聚居区是我国藏传佛教圣地之一，格鲁派、宁玛派、觉囊派及本教都具有深厚底蕴；中游有源远流长的彝族毕摩文化；下游还有以乐山大佛为代表的汉传佛教文化。这为红色大渡河文化旅游走廊建设构筑起厚实的文化底蕴。

表4　大渡河相关著名文化作品名录

作品	作者
《七律・长征》（诗词）	毛泽东
《大渡河》（电影）	中国长春电影制片厂
《长征》（电视剧）	中国中央电视台
《歌唱二郎山》（歌曲）	洛水、时乐濛
《康定情歌》（歌曲）	民歌
《康定情歌》（电视剧）	北京金英马公司等
《尘埃落定》（小说）	阿来
《飞夺泸定桥》（实景剧）	汪甲

2.2.4 红色之河

毛泽东同志《七律・长征》中有5句描写红军长征途中最具历史性和标

志性的地方，其中4处在四川境内或交界处。“大渡桥横铁索寒”更响彻中华大地。1935年5月，中国工农红军在大渡河上飞夺泸定桥，这是长征途中的一次著名战役，见证了中国工农红军的英勇传奇。在这片土地上，有安顺场、泸定桥、磨西会议遗址、两河口会议会址、卓克基会议旧址和达维会师桥等红色遗迹，设立有四川长征干部学院甘孜泸定桥分院和雪山草地分院，丰富的红色资源逐渐在流域开花结果。这为红色大渡河文化旅游走廊建设注入强大的精神力量。

表5　大渡河流域红色遗迹名录

名称	属地
安顺场	石棉县
磨西会议遗址	泸定县
泸定桥	泸定县
岚安革命老区	泸定县
红五军团政治部遗址	丹巴县
两河口会议会址	小金县
达维会师遗址	小金县
卓克基会议旧址	马尔康市

3 大渡河流域文化旅游走廊建设的可行性研究

3.1 政策环境良好

从国家战略看，党的十八大以来，国家高度重视旅游业发展，把发展旅游业提高到经济转型升级、生态文明建设、展示国家综合实力、促进乡村振兴的战略高度，着力推动全域旅游、生态旅游。党的二十大报告对“推进文化强国，铸就社会主义文化新辉煌”作出专章部署，强调“坚持以文塑旅、以旅彰文，推进文化和旅游深度融合发展”。2014年3月，文化部和财政部联合印发《藏羌彝文化产业走廊总体规划》，提出在藏羌彝核心区打造文化产业走廊。2016年12月，国务院印发《“十三五”旅游业发展规划》，提出旅游道路建设与风景打造融为一体的战略，明确实施“滇川国家级风景道”等25条国家旅游风景道示范工程，大渡河中下游就是重要节点和起始段。这些战略规划的实施为大渡河流域文化旅游走廊建设提供了重要的战略机遇。

从地方规划看，“三州”“两市”都是著名的旅游目的地。2019年，四川省委、省政府出台《关于大力发展文旅经济 加快建设文化强省旅游强省的意见》部署“一核五带”总体布局，提出大力建设高原生态文化、藏羌民族文化、长征文化等融合发展的川西北文旅经济带。2021年10月，四川省人民政府批复《四川省“十四五”文化和旅游发展规划》，关于大渡河流域的表述包括“发展藏羌文化体验”“高水平发展大香格里拉、大贡嘎、大竹海、大蜀道文化旅游精品”“特色旅游城市康定、马尔康”“藏羌碉楼与村寨文化保护”“推进长征国家文化公园四川段建设”“整体性保护……嘉绒文化……等特色文化形态”。2022年11月，四川省文化和旅游发展大会召开，吹响“加快文化强省旅游强省建设，打造世界重要旅游目的地”冲锋号。这为大渡河文化旅游走廊建设提供了重要政策支撑。同时，大渡河流域是革命老区、民族地区、贫困地区及国家重点生态功能区，国家和四川省出台了一系列支持生态保护、乡村振兴、经济发展的政策“组合拳”，有利于推动大渡河流域文化旅游开发提档升级、互联互通。

3.2 发展态势可喜

近年来，大渡河流域的旅游业呈现蓬勃发展态势，广受国内外游客的青睐。数据显示，阿坝州旅游业2018年受九寨沟地震影响而增长不足，但也接待游客2369.47万人次、旅游收入166.71亿元；甘孜州2018年接待游客2230万人次、旅游收入222.5亿元，同比增长33.7%、34.0%；凉山州2018年接待游客4595.99万人次，旅游收入436.67亿元，同比增长4%、20.93%；雅安市2018年接待游客3740.58万人次，旅游收入320.42亿元，同比增长17.2%和25.6%；乐山市2018年接待游客近5700万人次，旅游收入近900亿元，同比增长11%、16%。大渡河流域“三州”“两市”的旅游业已经具有相当的市场认可度和社会知名度，为走廊建设建立了有效的市场渠道，为走廊品牌打造提供了宣传良机。

图2 大渡河流域与“一核五带”总体布局的关系

随着我国社会主要矛盾改变，文化旅游发展也随之发生转变，逐步呈现出新的特点。一是从观光游向休闲游、体验游转变，人们到一个地方观山赏水品文化，参与康养、度假、游学、养老等，不仅可以放松身心愉悦心灵，还能获得知识、体验文化。二是从景区游向全域游、生活游转变，大美河山、地域文化、民风民俗、一城一村一景都是旅游资源，旅游全域化、无景点化趋势明显。三是从团队游向自助游、深度游转变，自驾出行、网络服务、私人定制等更为普遍。四是从大众游向分众游、品质游转变，旅游成为生活的常态和“刚需”，需求更加多元化、个性化。

当前，流域乡村顺势而上，旅游发展已初显规模，相继涌现出“世外梨园”沙耳乡、“最美乡村”甲居村、“花海果乡”申沟村、“云端遗民”胜利村等先行先试典范。

表6　大渡河流域美丽乡村名录

名称	备注	属地
双山村	省级乡村旅游示范村	沙湾区
底底古村	全国乡村旅游重点村	峨边县
胜利村	全国少数民族特色村寨	金口河区
三强村	中国美丽休闲乡村	汉源县
申沟村	中国美丽乡村	汉源县
安靖村	省级乡村旅游示范村	石棉县
猛种堡子	中国传统村落	石棉县
杵坭村	中国美丽休闲乡村	泸定县
若吉村	天府旅游名村	康定市
色龙村	天府旅游名村	康定市
甲居村	全国乡村旅游重点村	丹巴县
莫斯卡村	中国传统村落名录	丹巴县
长坪村	全国乡村旅游重点村	小金县
两河村	省级历史文化名村	小金县
德胜村	四川幸福美丽乡村	金川县
代基村	四川最美古村落	马尔康市
神座村	省级乡村旅游示范村	阿坝县
加斯满村	中国传统村落	壤塘县

大渡河流域丰富多元的自然文化旅游资源，能够适应新时代旅游发展的新特点、满足现代人的旅游口味、串联重要旅游节点，建设大渡河流域文化旅游走廊，也能给各个节点的旅游带来明显的乘数效应。

3.3 交通骨架形成

大渡河流域目前康定机场已建成使用，乐山机场在建。都江堰至四姑娘山山地轨道正在建设，途经泸定、康定的川藏铁路也已开建。乐山至汉源高速公路即将建成，石棉至泸定高速公路已经开工，康定至马尔康高速公路列入规划。从成都经成雅高速、雅西高速直达石棉、汉源，经成雅高速、雅康高速直达泸定、康定，经都汶高速、汶马高速直达马尔康；从红原机场、甘孜格萨尔机场到大渡河上游阿坝县、马尔康市、色达县也只需一个多小时。四通八达的交通骨架为流域文化旅游走廊建设提供了先决条件。

3.4 开发成效明显

大渡河流域旅游资源富集，海拔适中，进出便利，在省内外都有较强的比较优势。乐山市率先启动“大渡河风景道（乐山段）”建设，着力打造全国独一无二的“低空+陆地+水上+水下”立体旅游带状景区，跨金口河区、峨边县、沙湾区、市中区，串联起乐山大佛、郭沫若故居、黑竹沟、金口大峡谷等旅游资源。溯河而上，县县都有景点，处处都是景色，乐山大佛、大渡河大峡谷、王岗坪、贡嘎山、二郎山、牛背山、跑马山、四姑娘山等风景区星罗棋布，汉源梨花节、康定情歌节、丹巴嘉绒风情节、马尔康嘉绒锅庄节等日渐成为受游人瞩目的节庆。

表7　大渡河流域景区名录

名称	备注	属地
乐山大佛景区	国家AAAAA级旅游景区	市中区
黑竹沟景区	国家AAAA级旅游景区	峨边县
大渡河金口大峡谷景区	国家AAAA级旅游景区	金口河区
汉源湖	热门景区	汉源县
九襄梨花园	热门景区	汉源县
孟获古城	热门景区	石棉县
王岗坪景区	国家AAAA级旅游景区	石棉县
安顺场景区	国家AAAA级旅游景区	石棉县
海螺沟景区	国家AAAAA级旅游景区	泸定县
泸定桥景区	国家AAAA级旅游景区	泸定县

续表

名称	备注	属地
二郎山	热门景区	泸定县
牛背山	热门景区	泸定县
跑马山景区	国家级风景名胜区片区	康定市
木格措景区	国家AAAA级旅游景区	康定市
梭坡古碉群	热门景区	丹巴县
丹巴藏寨群	国家AAAA级旅游景区	丹巴县
党岭景区	热门景区	丹巴县
莫斯卡景区	热门景区	丹巴县
四姑娘山风景名胜区	国家级风景名胜区	小金县
两河口会议纪念地旅游景区	国家AAAA级旅游景区	小金县
夹金山	省级风景名胜区	小金县
观音桥景区	国家AAAA级旅游景区	金川县
世外梨园景区	国家AAAA级旅游景区	金川县
卓克基土司官寨文化旅游景区	国家AAAA级旅游景区	马尔康市
松岗柯盘天街文化旅游景区	国家AAAA级旅游景区	马尔康市
棒托寺	热门景区	壤塘县
阿坝神座世外桃源景区	国家AAAA级旅游景区	阿坝县
莲宝叶则景区	热门景区	阿坝县

4 文化旅游走廊建设的对策措施

大渡河流域文化旅游极具开发价值，且大有可为。但是目前大渡河流域的文化旅游开发统一规划不够，发展定位不精，文化挖掘还不到位，整体水平不高，发展不平衡，存在自然旅游打造好于文化旅游打造，中下游旅游景区开发好于上游旅游景区开发等现象。这既是流域文化旅游走廊建设面临的重大挑战，更是今后加快发展的潜力所在，为此提出以下建议。

4.1 准确编制文化旅游走廊建设规划

按照摸清家底、统筹规划、区域协调的思路，统一推进大渡河流域文化旅游走廊规划编制和实施。一是对全流域的自然资源、历史资源和文化资源开展全面普查，全方位、分类型、分区域摸清全流域的资源家底，建成流域资源数据库。二是调研流域文化旅游开发现状，弄清进展动态。三是依据四川省文化旅游开发“一核五带”总体布局，突出“红色大渡河文化旅游走廊”建设的区域引领作用。

4.2 精心设计流域文化旅游精品线路

按照“4环+4专”思路，精心设计大渡河的旅游线路，全力打造大渡河文化旅游走廊。

设计“大中小微”4条流域旅游环线。大环线为成都—乐山—沙湾—峨边—金口河—甘洛—汉源—石棉—泸定—康定—丹巴—金川—马尔康—成都；中环线为成都—乐山—沙湾—峨边—金口河—甘洛—汉源—石棉—泸定—康定—丹巴—小金—成都；小环线为成都—乐山—沙湾—峨边—金口河—甘洛—汉源—石棉—泸定—康定—成都；微环线为成都—乐山—沙湾—峨边—金口河—甘洛—汉源—石棉—成都。

设计“红色、风情、名山、特色”4条流域旅游专线。红色专线为成都—石棉—泸定—丹巴—小金—成都；风情专线为成都—小金—丹巴—金川—马尔康—成都；名山专线为成都—二郎山—跑马山—贡嘎山—成都；特色专线为成都—甘孜机场—色达—壤塘—阿坝—红原机场—成都。

4.3 着力开展交旅融合发展示范

大渡河是四川文化旅游全线可进入性和吸引力最强的流域，交通等基础设施较为完善，有条件开展“交旅融合发展示范”。要重点加快泸定至石棉、久治至马尔康高速公路建设，力争康定至马尔康高速公路尽早开工，打通高速公路“最后一千米”，实现大渡河流域全线开通高速公路。坚持推进交通干线、旅游道路、景区景点等周边环境净化美化，加强观景平台、旅游厕所等建设，努力打造智慧信息平台。

4.4 全面创新流域文化旅游工作机制

立足构建独具魅力的文化影响力、特色鲜明的旅游吸引力、优质高效的产品供给力和领先水平的产业竞争力，积极创新流域文化旅游走廊建设推进机制。创新流域文化旅游业态开发机制，开发河谷度假、避暑疗养、看水赏花、登山漂流、科普探险等旅游新产品，让游客慢下来、留下来、住下来。创新流域旅游市场运作机制，推进统一市场营销，培育引进专业营运主体，打造全方位立体化营销矩阵。

参考文献

［1］郑柳青.大渡河流域旅游扶贫开发的可行性研究［J］.乐山师范学院学报，2015，30（12）：42–47.

［2］郑柳青.大渡河流域文化旅游开发战略构想［J］.乐山师范学院学报，2016，31（8）：51–55.

［3］四川省国民经济和社会发展第十三个五年规划纲要［EB/OL］.［2016–02–15］. http://www.sc.gov.cn/10462/10464/10797/2016/2/15/10368205.shtml

［4］李忠东，周江陵，邹蓉. 大河奇峡［M］. 北京：中国旅游出版社，2019：4–19.

《四川省“十四五”文化和旅游发展规划》对大渡河流域的具体部署

规划项目		具体部署
发展布局	文化旅游走廊	长征红色旅游走廊 藏羌彝文化产业走廊 茶马古道历史文化走廊
	文化旅游精品	雪山草地生态观光休闲 藏羌文化体验 大贡嘎乡村旅游集聚区 乡村民宿集群
	特色旅游城市	康定、马尔康
文化产业	保护展示利用	藏羌碉楼与村寨文物保护
	革命文物保护	长征国家文化公园四川段建设
	非遗区域性整体保护	嘉绒文化
文化产品	国家5A级旅游景区培育创建	泸定桥景区、四姑娘山景区
	国家级旅游度假区培育创建	大渡河岷江流域 雪山冰川温泉旅游度假带 甘孜州贡嘎山旅游度假区
	天府旅游名县	甘孜州康定市，乐山市峨眉山市、市中区
	旅游演艺	康定市作响“情歌城”品牌，打造民族地区演艺集群
	国家全域旅游示范区创建	甘孜州、石棉县
公共服务设施	交通网络	川藏公路、川藏铁路
	路景融合示范点	乐山大渡河风景道 都江堰至四姑娘山山地轨道
	重大文化和旅游项目	大渡河岷江流域国家旅游风景道 长征国家文化公园 泸定桥景区核心展示区 阿坝县安多文化旅游就业创业园

大渡河流域基本信息图

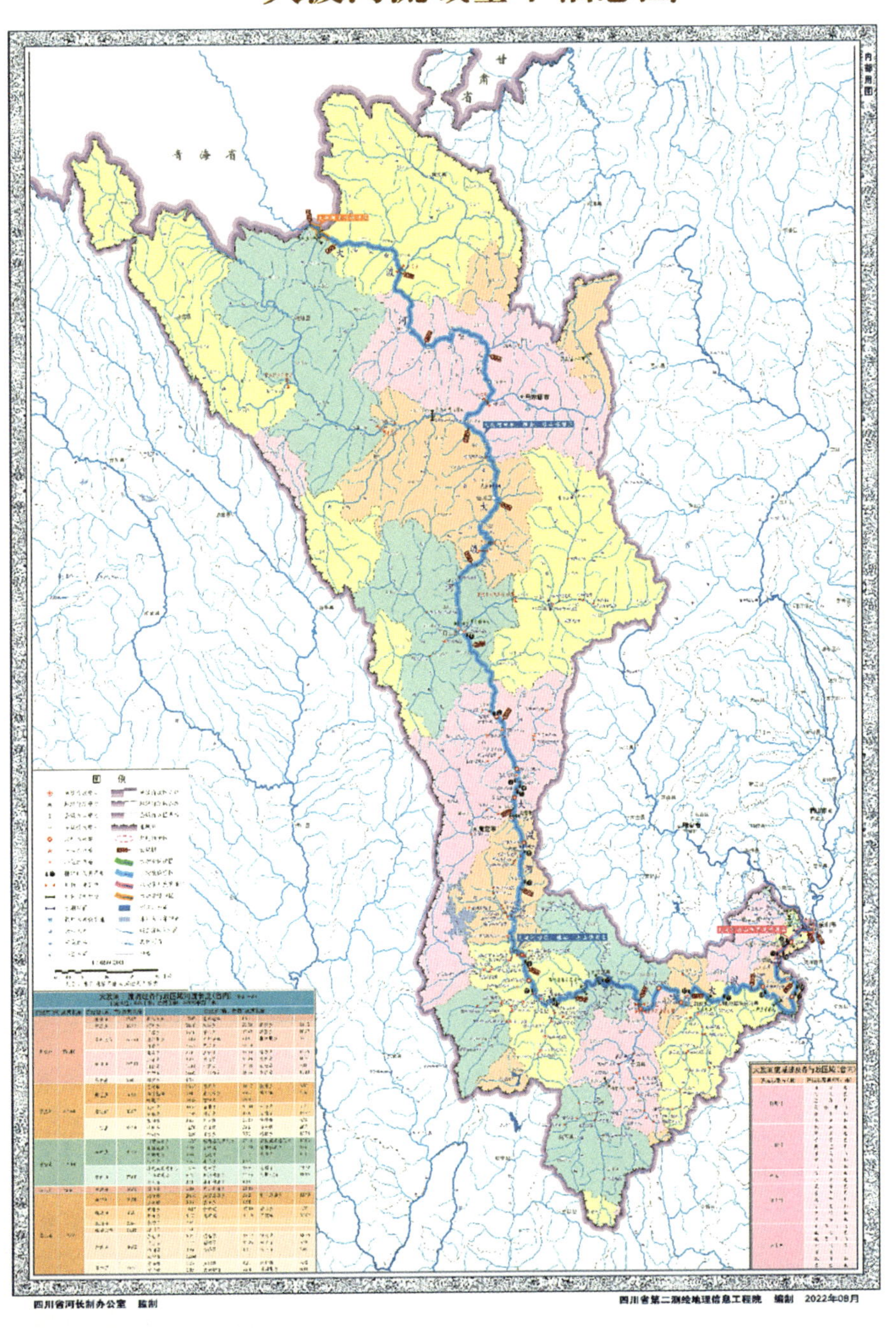

大渡河流域主要河流干流流经各行政区域河流长度（四川省内）（单位：千米）

流经市（州）及其长度		流经县（区、市）及其长度		流经乡（镇、街道）及其长度					
阿坝州	338.16	壤塘县	17.97	茸木达乡	17.07	南木达镇	0.9		
		阿坝县	82.73	柯河乡	39.48	垮沙乡	20.39	茸安乡	24.15
		马尔康市	167.90	日部乡	36.46	康山乡	15.82	草登乡	18.27
				龙尔甲乡	16.12	沙尔宗镇	4.86	脚木足乡	37.11
				白湾乡	23.71	党坝乡	22.08		
		金川县	107.62	集沐乡	25.13	庆宁乡	15.9	咯尔乡	15.26
				沙耳乡	3.29	勒乌镇	11.2	马奈乡	10.31
				河西乡	14.14	河东乡	11.98	独松乡	9.18
				安宁镇	10.02	马尔邦乡	15.65	曾达乡	11.49
		小金县	6.56	潘安乡	6.56				
甘孜州	242.84	丹巴县	76.96	巴底镇	23.63	巴旺乡	18.17	聂呷乡	5.25
				革什扎镇	0.91	东女谷乡	4.4	章谷镇	4.56
				梭坡乡	10.82	格宗乡	26.34		
		康定市	83.97	孔玉乡	40.35	鱼通乡	10.4	三合乡	5.51
				麦崩乡	12.81	时济乡	17.91	姑咱镇	13.57
		泸定县	83.24	烹坝镇	9.43	泸桥镇	21.59	冷碛镇	6.75
				杵坭乡	12.76	兴隆镇	5.86	德威乡	15.74
				加郡乡	12.9	田坝乡	7.7	得妥镇	26.71

续表

流经市（州）及其长度		流经县（区、市）及其长度		流经乡（镇、街道）及其长度					
雅安市	149.14	石棉县	83.42	田湾彝族乡	16.23	挖角彝族藏族乡	22.11	新民藏族彝族乡	15.83
				先锋藏族乡	2.29	新棉镇	21.79	安顺彝族乡	9.66
				棉城街道	5.9	迎政乡	5.55	永和乡	11.01
				宰羊乡	8.57	丰乐乡	8.25		
		汉源县	77.08	小堡藏族彝族乡	16.95	富林镇	16.54	大树镇	24.32
				片马彝族乡	5.77	顺河彝族乡	21.83	乌斯河镇	18.86
				皇木镇	2.11	永利彝族乡	6.38		
凉山州	36.66	甘洛县	36.66	黑马乡	6.8	乌史大桥乡	29.86		
乐山市	172.25	金口河区	39.78	永和镇	20.81	共安彝族乡	5.82	和平彝族乡	13.99
				金河镇	9.98	吉星乡	8.98		
		峨边县	68.21	宜坪乡	10.13	沙坪镇	15.8	新场乡	4.59
				共和乡	6.17	毛坪镇	11.1	五渡镇	25.02
		沐川县	7.84	茨竹乡	7.84				
		峨眉山市	15.15	龙门乡	15.15				
		沙湾区	80.62	范店乡	6.24	龚嘴镇	16.02	铜茨乡	18.26
				牛石镇	7.72	福禄镇	11.25	葫芦镇	3.98
				谭坝乡	9.8	沙湾镇	8.17	太平镇	7.01
				嘉农镇	12.04				
		市中区	18.21	安谷镇	1.03	罗汉镇	6.31	水口镇	6.92
				车子镇	0.89	大佛街道	4.84	肖坝街道	0.14

水电资源

大渡河流域一般以泸定以上为上游，泸定至铜街子为中游，铜街子以下为下游。上游多年平均年降水量一般仅600~700mm左右；中下游多年平均年降水量在700mm~1600mm左右。降水主要集中在5~10月，中、上游累计降水量占年总量的80%~90%，下游为75%~80%。根据《长江流域及西南诸河水资源综合规划》成果，按1956~2000年径流系列统计，流域多年平均流量为1518m^3/s，多年平均水资源总量479亿m^3，与黄河相当。

大渡河流域50km^2以上河流393条，其中500km^2以上河流38条，1000km^2以上河流22条。

大渡河流域分行政区地表水资源量

市（州）	计算面积（km^2）	多年平均降水量		多年平均地表水资源	
		降水深（mm）	降水量（万m^3）	径流深（mm）	径流量（万m^3）
阿坝州	32521	769.6	2471943	467.5	1501752
甘孜州	21147	1046.6	2211481	720.2	1521691
凉山州	4819	1507.7	712700	1075.4	508342
雅安	4850	1197.1	585266	835.4	408412
乐山	4551	1491.5	685650	1074.9	494153
合计	67888	989.9	6688628	657.3	4434349

大渡河主要支流

河流名称	河流基本情况			流经市县	
	河流长度（km）	流域面积（km²）	河口流量（m^3/s）	市（州）	县（市、区）
大渡河	872.3	67888	1988	阿坝州	壤塘县、阿坝县、马尔康市、金川县、小金县
				甘孜州	丹巴县、康定市、泸定县
				雅安市	石棉县、汉源县
				凉山州	甘洛县
				乐山市	金口河区、峨眉山市、峨边县、沐川县、沙湾区、市中区

续表

<table>
<tr><th colspan="3" rowspan="2">河流名称</th><th colspan="3">河流基本情况</th><th colspan="2">流经市县</th></tr>
<tr><th>河流长度（km）</th><th>流域面积（k㎡）</th><th>河口流量（m^3/s）</th><th>市（州）</th><th>县（市、区）</th></tr>
<tr><td rowspan="12">主要支流</td><td>1</td><td>则曲</td><td>101</td><td>1622</td><td>19.1</td><td>阿坝州</td><td>壤塘县</td></tr>
<tr><td>2</td><td>尼柯河</td><td>71</td><td>1194</td><td>13.9</td><td>阿坝州</td><td>阿坝县</td></tr>
<tr><td>3</td><td>阿柯河</td><td>154</td><td>4474</td><td>60.6</td><td>阿坝州</td><td>阿坝县</td></tr>
<tr><td>4</td><td>东柯</td><td>41</td><td>334</td><td>3.8</td><td>阿坝州</td><td>阿坝县</td></tr>
<tr><td>5</td><td>茶堡河</td><td>70</td><td>1234</td><td>14.4</td><td>阿坝州</td><td>马尔康市</td></tr>
<tr><td>6</td><td>梭磨河</td><td>186</td><td>3014</td><td>58.9</td><td>阿坝州</td><td>马尔康市</td></tr>
<tr><td rowspan="2">7</td><td rowspan="2">绰斯甲河</td><td rowspan="2">259</td><td rowspan="2">13459</td><td rowspan="2">198</td><td>阿坝州</td><td>马尔康市、壤塘县、金川县</td></tr>
<tr><td>甘孜州</td><td>色达县</td></tr>
<tr><td rowspan="2">8</td><td rowspan="2">色曲</td><td rowspan="2">183</td><td rowspan="2">3200</td><td rowspan="2">30.7</td><td>甘孜州</td><td>色达县</td></tr>
<tr><td>阿坝州</td><td>壤塘县</td></tr>
<tr><td rowspan="2">9</td><td rowspan="2">玉曲</td><td rowspan="2">124</td><td rowspan="2">1887</td><td rowspan="2">34.1</td><td>甘孜州</td><td>道孚县</td></tr>
<tr><td>阿坝州</td><td>金川县</td></tr>
</table>

续表

河流名称			河流基本情况			流经市县	
			河流长度（km）	流域面积（k㎡）	河口流量（m^3/s）	市（州）	县（市、区）
主要支流	10	革什扎河	99	2520	52.7	阿坝州	金川县
						甘孜州	丹巴县
	11	东谷河	87	1837	38.8	甘孜州	康定市、道孚县、丹巴县
	12	小金河	165	5255	104	阿坝州	小金县
						甘孜州	丹巴县
	13	沃日河	79	1770	35.2	阿坝州	小金县
	14	金汤河	81	1129	37.5	阿坝州	小金县
						甘孜州	康定市
	15	康定河	80	1554	49.0	甘孜州	康定市
	16	田湾河	90	1397	42.4	甘孜州	康定市
						雅安市	石棉县

续表

<table>
<tr><th colspan="3" rowspan="2">河流名称</th><th colspan="3">河流基本情况</th><th colspan="2">流经市县</th></tr>
<tr><th>河流长度（km）</th><th>流域面积（km²）</th><th>河口流量（m³/s）</th><th>市（州）</th><th>县（市、区）</th></tr>
<tr><td rowspan="11">主要支流</td><td rowspan="2">17</td><td rowspan="2">松林河</td><td rowspan="2">73</td><td rowspan="2">1446</td><td rowspan="2">55.6</td><td>甘孜州</td><td>九龙县</td></tr>
<tr><td>雅安市</td><td>石棉县</td></tr>
<tr><td rowspan="2">18</td><td rowspan="2">南桠河</td><td rowspan="2">79</td><td rowspan="2">1187</td><td rowspan="2">79.7</td><td>凉山州</td><td>冕宁县</td></tr>
<tr><td>雅安市</td><td>石棉县</td></tr>
<tr><td>19</td><td>出路河</td><td>21</td><td>76.2</td><td>2.41</td><td>雅安市</td><td>石棉县</td></tr>
<tr><td>20</td><td>流沙河</td><td>72</td><td>1152</td><td>33.8</td><td>雅安市</td><td>汉源县</td></tr>
<tr><td>21</td><td>尼日河</td><td>143</td><td>4142</td><td>128</td><td>凉山州</td><td>喜德县、越西县、甘洛县</td></tr>
<tr><td>22</td><td>官料河</td><td>92</td><td>1368</td><td>53.5</td><td>乐山市</td><td>峨边县</td></tr>
<tr><td>23</td><td>峨眉河</td><td>63</td><td>476</td><td>19.1</td><td>乐山市</td><td>峨眉山市、市中区</td></tr>
<tr><td>24</td><td>临江河</td><td>50</td><td>349</td><td>14.15</td><td>乐山市</td><td>峨眉山市、市中区</td></tr>
</table>

大渡河干流部分断面水文统计参数表

单位：m³/s

断面		猴子岩	大岗山	瀑布沟	深溪沟	枕头坝	沙坪二级（峨边）	龚嘴	铜街子
多年平均流量		784	1010	1230	1350	1360	1390	1490	1490
频率洪峰	P=0.01%	9000	–	11600	–	–	12100	16400	16400
	P=0.02%	8570	9600	10500	–	–	11400	–	–
	P=0.1%	7550	8570	9950	10800	10800	10600	13800	13800
	P=0.2%	7110	8120	9460	10500	10500	9900	13100	13100
	P=0.5%	6510	7510	8770	10100	10100	9190	–	–
	P=1%	6060	7040	8230	9400	9400	8670	11200	11200
	P=2%	5590	6560	7690	8150	8150	8490	10300	10300
	P=5%	4950	5890	6960	6600	6600	8250	9000	9000
	P=10%	4450	5360	6370	6080	6080	7490	8350	8350
	P=20%	3920	4800	5680	5530	5530	6690	–	–
	P=50%	3120	–	–	4710	–	5440	–	–

备注：P=0.1%即千年一遇，P=1%即百年一遇，以此类推。

大渡河干流梯级水电规划（一）

项目	单位	下尔呷	巴拉	达维	卜寺沟
建设地点		阿坝	马尔康	马尔康	马尔康
坝（闸）距河口距离	km	797	766	748	700
坝（闸）地控制流域面积	km^3	15500	15840	16607	17330
多年平均流量	m^3/s	186	190	199	208
正常蓄水位	m^3/s	3120	2920	2730	2606
正常蓄水位以下库容	亿m^3	28			
死水位					
调节库容	亿m^3	19.3			
调节性能		多年			
装机容量	万kW	54	56	36	30
装机台数					
多年平均发电量	亿kW·h	22.21	22.42	14.84	12.84
前期工作与建设状况		前期工作	在建	前期工作	在建
开发主体		中电建水电开发集团有限公司			国能四川发电有限公司

续表

项目	单位	双江口	金川	安宁	巴底	丹巴	猴子岩
建设地点		马尔康、金川	马尔康、金川	金川	丹巴	丹巴	康定、丹巴
坝（闸）距河口距离	km	650	616	580	545	528	468
坝（闸）地控制流域面积	km^3	39330	39978	41580	42476	42923	54036
多年平均流量	m^3/s	502	509	536	553	561	773
正常蓄水位	m^3/s	2500	2253	2130	2078	1997	1842
正常蓄水位以下库容	亿m^3	28.97	4.88	1.327	1.973	0.4	6.62
死水位		2420	2248	2128	2075	1992	1837（极限死水位1802）
调节库容	亿m^3	19.17	0.5	0.123	0.246	0.15	0.617（3.87）
调节性能		年	日	日	日	日	季
装机容量	万kW	200	86	38	72	119.66	170
装机台数		4×50	4×21.5	4×9.5	4×18	4×29.5+1.66	4×42.5
多年平均发电量	亿kW·h	77.07	34.86	15.69（联调）	29.47	49.52	70.15
前期工作与建设状况		在建	在建	前期工作	前期工作	前期工作	已建
开发主体		国能大渡河公司					

续表

项目	单位	长河坝	黄金坪	泸定
建设地点		康定	康定	泸定
坝（闸）距河口距离	km	423	407	375
坝（闸）地控制流域面积	km^3	56648	56942	58943
多年平均流量	m^3/s	821	847	881
正常蓄水位	m^3/s	1690	1476	1378
正常蓄水位以下库容	亿m^3	10.15	1.28	2.2
死水位		1680（极限死水位1650）	1472	1375
调节库容	亿m^3	1.2（4.15）	0.2	0.22
调节性能		季	日	日
装机容量	万kW	260	85	92
装机台数		4×65	4×20+2×2.5	4×23
多年平均发电量	亿kW·h	103.98	38.61	37.82
前期工作与建设状况		已建	已建	已建
开发主体		大唐集团公司		四川华电集团

大渡河干流梯级水电规划（二）

项目	单位	硬梁包	大岗山	龙头石
建设地点		泸定	石棉	石棉
坝（闸）距河口距离	km	351	314	294
坝（闸）地控制流域面积	km^3	59327	62727	63040
多年平均流量	m^3/s	887	1010	1020
正常蓄水位	m^3/s	1250	1130	955
正常蓄水位以下库容	亿m^3	0.2075	7.42	1.2
死水位		1241	1120	952
调节库容	亿m^3	0.0826	1.17	0.17
调节性能		日	日	日
装机容量	万kW	111.6	260	72
装机台数		4×27+3.6	4×65	4×18
多年平均发电量	亿kW·h	48.5	114.3	31.18
前期工作与建设状况		在建	已建	已建
开发主体		华能泸定公司	国能大渡河公司	四川大渡河龙头石水力发电有限公司

续表

项目	单位	老鹰岩一级	老鹰岩二级	瀑布沟	深溪沟	枕头坝一级	枕头坝二级	沙坪一级	沙坪二级
建设地点		石棉	石棉	汉源	汉源	金口河	金口河	峨边	峨边
坝（闸）距河口距离	km	275	263	194	177	152	148	142	129
坝（闸）地控制流域面积	km^3	63115	64810	68512	72900	73057	73197	73339	73632
多年平均流量	m^3/s	1020	1100	1230	1350	1360	1360	1370	1390
正常蓄水位	m^3/s	905	880	850	660	624	592	578	554
正常蓄水位以下库容	亿m^3	0.1421	0.2042	50.64	0.32	0.414	0.112	0.21	0.21
死水位		902	877	790	655	618	591	575	550
调节库容	亿m^3	0.0429	0.0585	38.82	0.08	0.123	0.015	0.053	0.058
调节性能		日	日	年	日	日	日	日	日
装机容量	万kW	22	35	360	66	72	32.6	38	34.8
装机台数		4×5.5	4×8.75	6×60	4×16.5	4×18	6×5.43	5×7.6	6×5.8
多年平均发电量	亿kW·h	9.52	15.47	146.88	31.49	32.9	15.4	17.83	16.42
前期工作与建设状况		在建	在建	已建	已建	已建	在建	在建	已建
开发主体		国能大渡河公司							

续表

项目	单位	龚嘴	铜街子	沙湾	安谷
建设地点		乐山	乐山	乐山	乐山
坝（闸）距河口距离	km	93	65	50	15
坝（闸）地控制流域面积	km^3	76130	76383	76479	76717
多年平均流量	m^3/s	1470	1470	1490	1490
正常蓄水位	m^3/s	528	474	432	398
正常蓄水位以下库容	亿m^3	1.02	0.89	0.45	0.63
死水位		520	469	无	397
调节库容	亿m^3	0.86	0.48	0	0.0645
调节性能		日	日	无	日
装机容量	万kW	77	70	48	77.2
装机台数		7×11	4×17.5	4×12	19×4+1.2
多年平均发电量	亿kW·h	38.95	29.56	24.07	34.71+0.87
前期工作与建设状况		已建	已建	已建	已建
开发主体		国能大渡河公司		中电建水电开发集团有限公司	

大渡河流域梯级水电站集控中心　摄影/陈舒睿

大渡河干流部分已投产水电站概况（一）

项目	单位	猴子岩	长河坝	黄金坪	泸定	大岗山	龙头石
建设地点		康定、丹巴	康定	康定	泸定	石棉	石棉
投产时间		2017	2017	2015	2011	2015	2008
正常蓄水位	m^3/s	1842	1690	1476	1378	1130	955
正常蓄水位以下库容	亿m^3	6.62	10.15	1.28	2.2	7.42	1.2
死水位		1802	1680 1650	1472	1375	1120	952
调节库容	亿m^3	0.617（3.87）	1.2（4.15）	0.2	0.22	1.17	0.17
调节性能		季	季	日	日	日	日
装机容量	万kW	170	260	85	92	260	72
装机台数		4×42.5	4×65	4×20+2×2.5	4×23	4×65	4×18
多年平均发电量	亿kW·h	70.15	103.98	38.61	37.82	114.3	31.18
开发主体		国能大渡河公司	大唐集团公司		华电四川公司	国能大渡河公司	四川大渡河龙头石水力发电有限公司

猴子岩水电站外景 摄影/陈隆祥

猴子岩水电站内景　摄影/陈隆祥

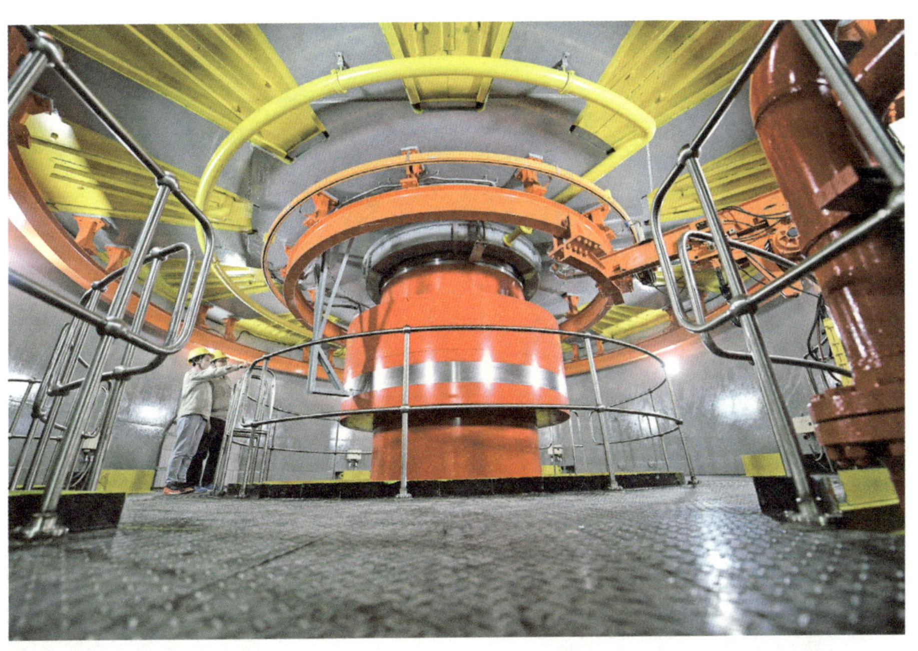

猴子岩水电站水车室　摄影/陈隆祥

长河坝厂房　摄影/袁菱艺

黄金坪大坝

黄金坪厂房

盛夏的黄金坪库区

泸定水电站厂房远景　摄影/向嘉强

泸定水电站干净整洁的厂房　摄影/柳朝

泸定水电站花园厂区　摄影/向嘉强

泸定水电站厂房近景　摄影/向嘉强

蓝天映衬下的泸定水电站大坝景观　摄影/向嘉强

泸定电站大坝和水库全景　摄影/曾毅霞

泸定水电站坝后景观　摄影/向嘉强

云雾下的泸定水电站　摄影/向嘉强

泸定水电站全景　摄影/向嘉强

大岗山水电站远景（一）　摄影/张琦

大岗山水电站远景（二）　　摄影/张琦

大岗山水电站内景　摄影/张琦

大岗山水电站库区　摄影/刘峰钻

大渡河干流部分已投产水电站概况（二）

项目	单位	瀑布沟	深溪沟	枕头坝一级	沙坪二级	龚嘴	铜街子
建设地点		汉源	汉源	金口河	峨边	乐山	乐山
投产时间		2010	2010	2015	2017	1978	1992
正常蓄水位	m^3/s	850	660	624	554	528	474
正常蓄水位以下库容	亿m^3	50.64	0.32	0.414	0.21	1.02	0.89
死水位		790	655	618	550	520	469
调节库容	亿m^3	38.82	0.08	0.123	0.058	0.86	0.48
调节性能		年	日	日	日	日	日
装机容量	万kW	360	66	72	34.8	77	70
装机台数		6×60	4×16.5	4×18	6×5.8	7×11	4×17.5
多年平均发电量	亿kW·h	146.88	31.49	32.9	16.42	38.95	29.56
开发主体		国能大渡河公司					

多彩汉源　摄影/龚群贤

汉源县行政中心大楼　摄影/廖仕林

瀑布沟水电站　摄影/张琦

瀑布沟水电站远景 摄影/张琦

深溪沟水电站　摄影/张琦

深溪沟大坝　摄影/万震宇

深溪沟水电站坝前　摄影/张琦

枕头坝一级水电站（一） 摄影/陈隆祥

枕头坝一级水电站（二） 摄影/陈隆祥

枕头坝一级水电站（三） 摄影/陈隆祥

峡谷风光——大渡河金口大峡，枕头坝电站（一） 摄影/张兵

峡谷风光——大渡河金口大峡，枕头坝电站（二）　摄影/张兵

沙坪二级水电站（一）　摄影/陈隆祥

沙坪二级水电站（二） 摄影/陈隆祥

铜街子水电站厂房　摄影/陈舒睿

铜街子水电站近景　摄影/陈舒睿

龚嘴水电站　摄影/陈舒睿

大渡河干流部分已投产水电站概况（三）

项目	单位	沙湾	安谷
建设地点		乐山	乐山
投产时间		2010	2014
正常蓄水位	m^3/s	432	398
正常蓄水位以下库容	亿m^3	0.45	0.63
死水位		无	397
调节库容	亿m^3	0	0.0645
调节性能		无	日
装机容量	万kW	48	77.2
装机台数		4×12	19×4+1.2
多年平均发电量	亿kW·h	24.07	34.71+0.87
开发主体		中电建水电开发集团有限公司	

安谷电站　摄影/李跃伟

沙湾电站　摄影/李跃伟

大渡河库区风光组图　摄影/乐山市沙湾区融媒体中心

沙湾电站库区移民新镇——乐山市沙湾区福禄镇　摄影/乐山市沙湾区融媒体中心

大渡河干流部分在建水电站概况

项目	巴拉	双江口	金川	硬梁包	枕头坝二级	沙坪一级
建设地点	马尔康	马尔康、金川	马尔康、金川	泸定	金口河	峨边
多年平均流量（m^3/s）	190	502	509	887	1360	1370
正常蓄水位	2920	2500	2253	1250	592	578
正常蓄水位以下库容（亿m^3）		28.97	4.88	0.2075	0.112	0.21
死水位		2420	2248	1241	591	575
调节库容		19.17	0.5	0.0826	0.015	0.053
调节性能		年	日	日	日	日
装机容量	56	200	86	111.6	32.6	38
装机台数		4×50	4×21.5	4×27+3.6	6×5.43	5×7.6
多年平均发电量（亿kW·h）	22.42	77.07	34.86	48.5	15.4	17.83
计划投产年份	2025	2025	2024	2024	2025	2025
开发主体	中电建水电开发有限公司	国能大渡河公司		华能泸定公司	国能大渡河公司	

巴拉水电站大坝填筑形象　摄影/祝长江

巴拉水电站引水隧洞主洞衬砌台车
摄影/王俊

巴拉水电站地下厂房安装间
摄影/徐庆贺

双江口水电站大坝　摄影/陈隆祥

双江口水电站大坝心墙　摄影/陈隆祥

双江口水电站进水口　摄影/陈隆祥

双江口水电站气膜储存仓　摄影/陈隆祥

双江口水电站日间大坝心墙填筑　摄影/陈隆祥

金川县双江口（右上为绰斯甲河，右下为脚木足河，汇合成为大金川） 摄影/程康

双江口猴群 摄影/靳东

金川电站全貌　摄影/陈隆祥

金川水电站导流洞　摄影/陈隆祥

金川水电站导泄出口　摄影/陈隆祥

金川水电站砂石系统　摄影/陈隆祥

金川水电站尾水边坡　摄影/陈隆祥

金川水电站上游围堰　摄影/陈隆祥

沙坪一级水电站　摄影/陈隆祥

枕头坝二级水电站　摄影/陈隆祥

土地资源

土地资源指可供农、林、牧业或其他利用的土地，是人类生存的基本资料和劳动对象，具有质和量两个内容。在其利用过程中，可能需要采取不同类别和不同程度的改造措施。土地资源具有一定的时空性，即在不同地区和不同历史时期的技术经济条件下，所包含的内容可能不一致。因此，土地资源既具有自然属性，也具有社会属性，是“财富之母”。

土地资源的分类有多种方法，在中国较普遍的是采用地形分类和土地利用类型分类。按地形，土地资源可分为高原、山地、丘陵、平原、盆地。这种分类展示了土地利用的自然基础。一般而言，山地宜发展林牧业，平原、盆地宜发展耕作业。由于中国自然条件复杂，土地资源类型多样，经过几千年的开发利用，逐步形成了现今的各种多样的土地利用类型。土地资源利用类型一般分为耕地、林地、牧地、水域、城镇居民用地、交通用地、其他用地（渠道、工矿、盐场等）以及冰川和永久积雪、石山、高寒荒漠、戈壁沙漠等。

土地资源利用现状（一）

单位：万亩

指标 \ 县（市、区）		壤塘县	阿坝县	马尔康市
未利用地		11.48	18.74	8.89
建设用地		2.88	7.01	3.55
农用地	小计	948.46	1472.31	945.75
	耕地	4.64	13.49	9.25
	林地	493.64	436.32	596.43
	草地	437.17	913.92	337.55
	园地	—	—	0.21
	湿地	10.66	108.53	0.56
	……			

班玛县的耕地 摄影/常德

青海班玛县亚尔堂乡的耕地 摄影/胡郁钢

青海嘛尔曲旁边的班玛县江日堂乡　摄影/胡郁钢

壤塘县杜柯河（多柯河）边上的村庄　摄影/程康

壤塘县茸木达乡德萨新村　摄影/王东

阿来的承包地　摄影/徐进

土地资源

马尔康市马尔镇俄尔雅村新貌　摄影/杨桦

冬雪——马尔康市卓克基镇代修村　摄影/泽尔登

天宝家乡——马尔康市党坝乡悉木斯曼村　摄影/胡郁钢

“天宝故居”碑　摄影/徐进

卓克基土司官寨　摄影/程康

土地资源利用现状（二）

单位：万亩

指标 \ 县（市、区）		金川县	小金县	丹巴县
未利用地		15.76	16.86	6.19
建设用地		3.91	4.69	3.51
农用地	小计	765.13	690.34	627.92
	耕地	8.17	12.76	6.63
	林地	503.02	426.15	481.46
	草地	255.38	255.21	135.04
	园地	1.66	1.97	1.19
	湿地	3.30	0.85	1.16
	……			

金川县城河谷耕地　摄影/靳东

四川金川县大金川河畔的广法寺　摄影/胡郁钢

远眺大金川河（金川县党坝乡段）　摄影/胡郁钢

两河口会议会址——小金县抚边乡　摄影/程康

沃日官寨——小金县沃日镇官寨村　摄影/周利庚

土地资源利用现状（三）

单位：万亩

县（市、区） 指标		康定市	泸定县	色达县
未利用地		20.18	23.43	30.04
建设用地		7.98	3.80	5.40
农用地	小计	1416.19	262.92	1254.30
	耕地	10.92	6.16	1.67
	林地	1017.50	212.04	357.31
	草地	373.96	35.53	858.49
	园地	1.67	5.09	—
	湿地	8.27	1.02	48.09
	……			

土地资源利用现状（四）

单位：万亩

指标 \ 县（市、区）		石棉县	汉源县	甘洛县
未利用地		27.95	12.31	13.01
建设用地		6.09	11.14	7.14
农用地	小计	366.89	308.16	302.29
	耕地	2.14	16.70	29.52
	林地	342.74	215.60	225.45
	草地	10.31	9.40	42.11
	园地	13.43	58.05	6.26
	湿地	0.14	0.45	0.36
	……			

安顺晨韵——石棉县安顺场镇全景　摄影/戈镇洲

藏族堡子——石棉蟹螺乡猛种村　摄影/戈镇洲

大地如画——汉源　摄影/陆仁泽

汉源原野　摄影/曹恒

汉源湖两侧的坡耕地　摄影/廖仕林

甘洛县城全景（2015年） 摄影/宋恩

四川大渡河峡谷 摄影/辜顺刚

甘洛河春禾段　摄影/哈土

甘洛县城　摄影/哈土

土地资源利用现状（五）

单位：万亩

指标 \ 县（市、区）		金口河区	峨边县	峨眉山市
未利用地		1.46	10.13	2.26
建设用地		1.76	4.99	15.85
农用地	小计	86.45	341.43	159.04
	耕地	3.77	10.72	24.40
	林地	79.98	323.46	113.86
	草地	0.27	5.33	0.23
	园地	0.90	2.14	14.94
	湿地	0.06	0.06	0.11
	……			

峨边——产村相融　摄影/王永春

峨边山村新模样　摄影/伍奎

峨边茗新村　摄影/林峰

土地资源利用现状（六）

单位：万亩

指标 \ 县（市、区）		沙湾区	沐川县	市中区
未利用地		3.89	3.58	6.78
建设用地		7.11	8.40	19.16
农用地	小计	79.77	199.01	99.63
	耕地	12.44	14.43	25.83
	林地	57.82	165.65	57.33
	草地	0.34	0.25	0.63
	园地	4.91	11.66	7.50
	湿地	0.16	0.10	0.81
	……			

农业资源

大渡河流域源头的青海久治、班玛和四川壤塘、阿坝四个县及色达县，主要是畜牧业，养殖牦牛、羊，种植青稞、小麦；马尔康、金川、小金、丹巴、康定、泸定九县市种植小麦、玉米、青稞等比重高一点，也养殖猪、牛、羊，现在也种植部分蔬菜、水果；石棉、汉源、甘洛以及乐山市种植业、畜牧业都比较发达，茶叶、水果、中药材产业颇有特色。

大渡河流域源头地区有牦牛，金川、汉源有梨，小金、丹巴、康定有苹果，泸定、石棉有樱桃和柑橘，汉源、甘洛有花椒；核桃是传统特产，当今的羊肚菌小有名气。

农业资源现状（一）

资源 \ 县（市、区）		壤塘县	阿坝县	马尔康市
粮食	播种面积（公顷）	1937	4573	3887
	产量（吨）	4139	10678	9209
油料产量（吨）		432	1200	22
中药材产量（吨）		17	9900	490
蔬菜及食用菌产量（吨）		3561	319	33500
水果产量（吨）		/	/	778
肉猪出栏头数（头）		/	/	14010
猪年末存栏头数（头）		/	/	31363
肉牛出栏头数（头）		45364	98605	33810
羊出栏头数（头）		39548	24956	3485
家禽出栏只数（只）		/	/	43640

磨青稞——阿坝县　摄影/夏雪东尔

收割青稞——阿坝县　摄影/夏雪东尔

马尔康市松岗镇玉米长势喜人 摄影/泽尔登

天宝老家的梨树 摄影/常德

农业资源现状（二）

资源 \ 县（市、区）		金川县	小金县
粮食	播种面积（公顷）	5883	6217
	产量（吨）	22638	20791
油料产量（吨）		243	934
中药材产量（吨）		77	917
蔬菜及食用菌产量（吨）		44032	76414
水果产量（吨）		20308	50195
肉猪出栏头数（头）		38030	22015
猪年末存栏头数（头）		37148	23710
肉牛出栏头数（头）		13617	19815
羊出栏头数（头）		11103	22010
家禽出栏只数（只）		116123	23683

云顶田园——金川县勒乌镇云盘村　摄影/代永清

晨牧——金川县曾达乡曾达村　摄影/代永清

梨花大爷介绍金川雪梨资源　摄影/靳东

四川世外梨园金川县沙耳乡　摄影/胡郁钢

樱桃熟了——小金
摄影/黄继舟

春到人参果坪——小金县四姑娘山镇双桥村　摄影/黄继洲

藏寨之春——小金县长坪村　摄影/黄继舟

苹果农庄——小金县沃日镇木兰村　摄影/喻林斌

农业资源现状（三）

资源	县（市、区）	丹巴县	康定市	泸定县
粮食	播种面积（公顷）	2845	5056	3612
	产量（吨）	10194	16752	12240
油料产量（吨）		1059	99	2195
中药材产量（吨）		150	161	1160
蔬菜及食用菌产量（吨）		23736	32461	109232
茶叶产量（吨）		/	/	2
水果产量（吨）		1373	1889	4184
肉猪出栏头数（头）		32965	22485	52251
猪年末存栏头数（头）		26976	11147	44962
肉牛出栏头数（头）		10493	33162	3343
羊出栏头数（头）		13773	2820	12252
家禽出栏只数（只）		15897	24048	71239

丹巴东谷河边的玉米地

农业资源现状（四）

资源 \ 县（市、区）		石棉县	汉源县	甘洛县
粮食	播种面积（公顷）	4586	19170	24974
	产量（吨）	21589	92797	109976
油料产量（吨）		1200	721	1201
中药材产量（吨）		1840	3864	3120
蔬菜及食用菌产量（吨）		70411	212276	63365
茶叶产量（吨）		57	24	7
水果产量（吨）		95260	400110	4816
肉猪出栏头数（头）		56552	156072	149147
猪年末存栏头数（头）		39914	109059	104862
肉牛出栏头数（头）		8422	15313	21638
羊出栏头数（头）		40430	59230	168624
家禽出栏只数（只）		479581	510532	608190

喜摘苹果　摄影/越西县融媒体中心

越西高山蔬菜基地　摄影/郑佳

越西县现代农业产业园全貌　摄影/越西县融媒体中心

越西县普雄特色农业园　摄影/越西县融媒体中心

越西现代农业（苹果）产业园区　摄影/阿说友姑子

发展中的汉源畜牧业　摄影/廖仕林

汉源百花争艳　摄影/赵建龙

汉源同心新村　摄影/张玉婷

汉源高桥花椒　摄影/廖仕林

汉源三交高桥花椒采摘　摄影/廖仕林

农业资源现状（五）

资源 \ 县（市、区）		金口河区	峨边县	峨眉山市
粮食	播种面积（公顷）	5218	12365	17724
	产量（吨）	20297	50294	99402
油料产量（吨）		234	2608	12756
中药材产量（吨）		3318	693	2028
蔬菜及食用菌产量（吨）		11555	33311	192693
茶叶产量（吨）		119	314	9265
水果产量（吨）		986	526	29385
肉猪出栏头数（头）		38005	152078	175588
猪年末存栏头数（头）		23000	85000	89400
肉牛出栏头数（头）		1470	7321	2579
羊出栏头数（头）		5446	25318	11546
家禽出栏只数（只）		178540	970826	3632509

峨边先锋村萌萌猪乐园　摄影/林峰

峨边美丽新寨与精细农业　摄影/王云

雪山下的峨边农业　摄影/曾健

农业资源现状（六）

资源 \ 县（市、区）		沙湾区	沐川县	市中区
粮食	播种面积（公顷）	9626	20403	15729
	产量（吨）	51743	101480	107056
油料产量（吨）		2868	7464	11625
中药材产量（吨）		2489	25418	/
蔬菜及食用菌产量（吨）		87886	104604	301096
茶叶产量（吨）		300	7613	548
水果产量（吨）		6561	14877	24131
肉猪出栏头数（头）		112794	188453	280734
猪年末存栏头数（头）		58900	111728	165820
肉牛出栏头数（头）		1357	1095	1596
羊出栏头数（头）		7858	36520	8475
家禽出栏只数（只）		2832689	1358393	8306678

沙湾四峨梯田——四川最美七大梯田之一，相传为汉代军队屯田所在地
摄影/乐山市沙湾区融媒体中心

林草资源

四川森林属于亚热带山地型森林，群系超过100个，总面积近2000万公顷（居全国第四位），森林覆盖率高达40.23%，其中约87%为天然林，是全国天然林面积最大的省份之一。全省共计有129科613属、4239种（含变种、亚种等818种）木本植物。

天然林生态系统分布在森林线以下各个地区，它们经过自然的原生演替形成，或者人工采伐以后经过自然的次生演替形成。天然林生态系统的优势物种是乔木，从低纬度的四川南部到高纬度的北部，从低海拔的东部到高海拔的西部，随纬度梯度和海拔梯度变化，乔木树种从常绿阔叶（如樟、楠）变为落叶阔叶树种（如杨、桦）再到常绿针叶树种（如冷杉、云杉），形成亚热带常绿阔叶林群落、暖温带落叶阔叶林群落、温带针阔混交林群落和寒温带常绿针叶林群落，森林群落类型丰富。这些木本植物，加上众多的草本植物、藤本植物、苔藓和地衣，使得天然林成为生物量最高的生态系统类型，也是众多野生动物的良好栖息地。

全省另有超过700万公顷的人工林生态系统。一般人工林生态系统中，群落物种组成较单一，物种数较少，空间结构较简单。四川盆地内常见的有桤柏人工混交林群落，盆周山地常见的有柳杉林群落，川西高山峡谷和高原常见的有冷杉或云杉林群落。

四川国有林面积近2亿亩，占全省森林面积的62.7%，主要为天然林且集中分布在大江大河源头等生态敏感区。

四川林区的重点在金沙江、雅砻江和大渡河流域。三江流域育林地

6914万亩，约占全省森林面积的68%；雅砻江流域森林面积达2893.5万亩，森林蓄积量31356万立方米，均占三江流域森林面积的40%以上；大渡河流域森林蓄积量约占四川省总量的20%。

四川森林保护始于二十世纪六十年代森林类型自然保护区以及其后风景名胜区的建立，保留了典型的森林生态系统小区域。到二十世纪九十年代末期，率先实施天然林保护工程和退耕还林工程，开启了覆盖全范围的森林保护时代。其中，天保管护区累计建设公益林8000多万亩，退耕还林工程累计完成退耕地造林1000多万亩，荒山造林和封山育林1000多万亩。

大渡河流域仅甘孜州康定、泸定、丹巴三县（市）申报获批认证省级森林小镇3处、森林自然教育基地3处、森林康养基地3处、森林康养人家18处、四星级森林人家18处。

玛柯河林场位于青海省果洛藏族自治州班玛县境内，是大渡河源头海拔最高、分布最集中、面积最大的天然原始林区，总面积10.13万公顷，平均海拔3600米；属三江源自然保护区18个功能分区之一，占长江源头径流量的9.3%，生态区位特殊，是重要的生态安全屏障和森林资源基地。林区林木蓄积量已由2006年的460万立方米增长到如今的480万立方米，森林覆盖率提高10.56%。林区目前共发现高原植物888种、国家一级保护动物12种，被誉为“高原物种基因库”。

松潘县、壤塘县、阿坝县、若尔盖县、红原县、德格县、白玉县、石渠县、色达县、理塘县是四川的10个牧区县，全部分布在川西北高原，辖区面积占全省的22.2%。其中壤塘县、阿坝县、色达县在大渡河流域。

四川全省草原面积1.45亿亩，位居全国第六，其中天然牧草地1.41亿亩，人工牧草地86.56万亩，其他草地292.91万亩；全省天然草原集中连片分布在甘孜、阿坝、凉山三州，主要分布在海拔2800~4500米的地带；草原类型多样，有11类35组126个型，海拔270~5500米均有分布。草原面积最大的前三类依次是高寒草甸草地类、高寒灌丛草地类、山地灌草丛草地类。天然草原牧草构成以禾本科、豆科、莎草科和杂类草为主，其中禾本科植被107属355种，豆科植物64属213种。

四川西部为青藏高原的东延部分，平均海拔4000米左右，高原西北部相对高差50~100米，地势开阔平坦，气候严寒，日照强烈，80%的降水集中在5~8月，草原以高寒草甸、高寒灌丛草地为主；高原东南部为横断山区，高山峡谷纵横，高低悬殊，小气候效应显著，垂直变化明显，温差大，干湿季分明，草原以山地草甸草地、山地灌草丛草地为主。四川西南为山地地区，海拔1000~3500米，地貌与云贵高原相似，部分地区为亚热带气候，暖季长，热量多，区内草原资源垂直分布现象明显，自高而低分别有亚高山草甸、山地草甸、山地灌草丛、干旱河谷灌丛草地。盆地内地貌以平原、丘陵为主，气候温和，土壤肥沃，土地垦殖利用高，主要分布有农隙地草地和零星的灌草丛草地。

党的十八大以来，四川省坚持以习近平生态文明思想为指导，树牢上游意识，扛起生态保护政治责任，落实林（草）长制，以加强草原保护修复为主线，以改善草原生态质量为目标，严格落实基本草原保护制度、生态保护红线制度和国土空间用途管制制度，严控基本草原开发利用，加强草原征占用审核审批，强化源头管控和事中事后监管，确保基本草原面积不减少、质量不下降、用途不改变，为筑牢长江黄河上游生态安全屏障奠定重要基础。全省草原综合植被覆盖度达82.30%。

“十三五”期间，全省治理严重退化草原7684万亩，建设天然草原退牧还草围栏1231万亩，退化草原改良905.5万亩，人工饲草地建设172万亩，实施退耕还草工程14.6万亩，黑土滩治理26万亩，毒害草治理20万亩，灭鼠灭虫5315万亩。2011年起，四川省在阿坝、甘孜、凉山三州48个县实施草原生态保护补助奖励机制政策，实施草原禁牧补助7000万亩、草畜平衡奖励1亿多亩。2020年，全省天然草原综合植被盖度达到85.8%，比2015年提高1.3个百分点，高于全国平均水平近30个百分点。

2022年8月，四川省人民政府办公厅印发《关于加强草原保护修复和草业发展的实施意见》，将保护草原生态放在更加突出位置。

大渡河源头草地

大渡河正源青海省果洛州久治县达尕牧场风光　摄影/常德

大渡河主要源头之一，发源于青海果洛州久治县年宝玉则西南方的俄木措　摄影/程康

流过青海果洛州久治县白玉乡草原的溪流　摄影/程康

青海省果洛州班玛县杜柯河边的知钦乡　摄影/程康

流向远方的俄木措湖水　摄影/程康

青海省果洛州班玛县杜柯河边的知钦乡　摄影/程康

青海省果洛州久治县达尕牧场　摄影/常德

青海省果洛州久治县年宝玉则牧场　摄影/常德

班玛红军沟林间草地

林草资源现状（一）

单位：公顷

资源 \ 县（市、区）		壤塘县	阿坝县	马尔康市
森林	辖区面积	664412.77	1012387.66	556820.95
	森林覆盖率	16.27%	8.97%	30.21%
	森林面积	108114.42	90824.38	168222.95
	林地面积	329194.58	290926.08	284331.77
草原	草地面积	291595.84	609908.37	170198.23
湿地	湿地面积	7112.74	72416.48	573.11

壤塘县尕卡岭牧场　摄影/程康

壤塘县尕多乡热不卡牧民新居　摄影/一心

香拉东吉保护区——壤塘县岗木达镇昂科村　摄影/王东

索朗吉木措——壤塘县岗木达镇章光村　摄影/一心

壤塘县南木达镇阿甲村　摄影/王东

壤塘县南木达镇南木达村雪景　摄影/王东

阿坝县风光　摄影/程康

年宝玉则远眺　摄影/常德

阿坝莲宝叶则湿地　摄影/靳东

阿坝县牧家乐　摄影/喻林斌

翩翩起舞阿坝县　摄影/智美

阿坝县的草坡　摄影/靳东

阿坝县各莫寺　摄影/程康

阿坝县的森林　摄影/常德

阿坝县麦昆乡民居　摄影/范合琪

若诗若画——阿坝县辖曼塘湿地　摄影/李刚

森林类型防护林——阿坝县安羌镇纳昆村 摄影/唐金全

森林类型用材林——阿坝县安羌镇塔尔么村 摄影/唐金全

森林类型薪炭林——阿坝县垮沙乡夺沟村 摄影/唐金全

森林类型防护林——阿坝县茸安乡职尕村 摄影/唐金全

阿坝县防护林 摄影/唐金全

梭磨河之秋——马尔康市梭磨镇　摄影/泽尔登

马尔康梭磨河灌木林　摄影/靳东

马尔康远眺　摄影/常德

红原长江黄河分水岭大渡河方向草地　摄影/靳东

林草资源现状（二）

单位：公顷

资源 \ 县（市、区）		金川县	小金县
森林	幅员面积	662342.87	535666.13
	森林覆盖率	36.46%	38.90%
	森林面积	241511.09	208391.00
	林地面积	397689.50	335527.88
草原	草地面积	225054.27	170271.92
湿地	湿地面积	375.35	2209.86

防护林——金川县独松乡莫斯沟　摄影/程明

防护林——金川县马奈镇白纳溪村
摄影/程明

防护林——金川县河东乡嘎尖草坪
摄影/吝新龙

防护林——金川县马奈镇独角沟村华西坝
摄影/程明

防护林——金川县毛日乡壳它村
摄影/王德强

防护林——金川县撒瓦脚乡　摄影/王德强

防护林——金川县毛日乡情人海上方
摄影/王德强

防护林——金川县毛日乡　摄影/王德强

经济林——金川县马奈镇独角沟村
摄影/程明

薪炭林——金川县马奈镇嘎达山
摄影/程明

防护林——金川县观音桥镇　摄影/程明

情人海——金川县阿科里乡　摄影/泽尔登

小金县四姑娘山乔灌草（一）　摄影/刘善文

小金县四姑娘山乔灌草（二） 摄影/刘善文

小金县四姑娘山天然乔灌林 摄影/刘善文

小金县四姑娘山天然乔木林地　摄影/刘善文

小金县宅垄镇人工乔木林地、迹地更新　摄影/罗成

小金县崇德乡天然乔木林　摄影/罗成

小金县两河口镇天然乔木林地　摄影/陶树林

小金县巴郎山 摄影/泽尔登

玛嘉沟的夏——小金县两河口镇大板村
摄影/泽尔登

小金县结斯乡人工乔木林地、迹地更新
摄影/徐国军

云绕四姑娘 摄影/泽尔登

林草资源现状（三）

单位：公顷

资源 \ 县（市、区）		丹巴县	康定市	泸定县
森林	辖区面积	450708.62	1159275.78	216442.98
	森林覆盖率	46.99%	24.36%	47.56%
	森林面积	211807.69	282360.43	102939.73
	林地面积	321271.26	678441.46	141259.91
草原	草地面积	90046.42	249475.20	23694.83
湿地	湿地面积	787.57	5513.05	680.29

丹巴县丹东镇

丹巴县丹东镇草地

丹巴县丹东镇林间草地

丹巴县甲居镇紧邻大渡河边的耕地

丹巴小金交界处汗牛沟两侧植被

康定跑马山森林

贡嘎山森林植被 摄影/顾海军

康定丹巴交界处溪河沟两侧植被

康定市大渡河小沟

康定市大渡河野牛沟

金马草原的涓涓溪流　摄影/程康

色达金马草原（一）　摄影/程康

色达金马草原（二） 摄影/胡郁钢

炉霍宗塔草原（一）　摄影/程康

炉霍宗塔草原（二）　摄影/程康

炉霍宗塔草原（三） 摄影/程康

炉霍宗塔草原（四） 摄影/益西次里

流经道孚县玉科草原的俄热河，流入金川县二嘎里，汇入绰斯甲河，经丹巴流入大渡河
摄影/杨孝康

炉霍宗塔草原上的罗科河　摄影/杨孝康

林草资源现状（四）

单位：公顷

资源 \ 县（市、区）		石棉县	汉源县	甘洛县
森林	辖区面积	267841.42	221453.30	215172.05
	森林覆盖率	73.12%	42.09%	41.96%
	森林面积	195843.53	93198.95	90279.27
	林地面积	228623.30	143919.29	142834.02
草原	草地面积	6896.22	6273.01	29813.82
湿地	湿地面积	95.19	298.55	242.10

四川大渡河峡谷　摄影/辜顺刚

石棉王岗坪景色　摄影/王福清

石棉县王岗坪乡国有林区原始森林雪景　摄影/丁天文

石棉县公益海国有林区20世纪70年代人造日本落叶松和90年代人造杉木林　摄影/李杰

石棉县王岗坪乡国有林区原始森林雪景　摄影/丁天文

石棉王岗坪国有林区内万亩冷杉林　摄影/李杰

雅安市石棉县森林　摄影/李杰

雅安市石棉县　摄影/李杰

汉源县宜东乡的点胸鸦雀　摄影/顾海军

俯瞰尼日河　摄影/宋恩

甘洛河吉米段峡谷　摄影/宋恩

越西森林草场耕地　摄影/孙建生

林草资源现状（五）

单位：公顷

资源	县（市、区）	金口河区	峨边县	峨眉山市
森林	幅员面积	59806.21	238164.57	118114.99
	森林覆盖率	69.83%	86.75%	61.21%
	森林面积	41764.86	206609.20	72294.27
	林地面积	53348.63	215755.31	76488.57
草原	草地面积	178.51	3559.11	183.52
湿地	湿地面积	39.07	39.90	76.46

乐山金口河迎春村半坡彝韵　摄影/方志勤

山城新貌——乐山市金口河区永和镇　摄影/张兵

乐山市金口河区大瓦山　摄影/张兵

金口河大瓦山国家湿地公园　摄影/顾海军

大瓦山雪景　摄影/张兵

浮云万里——大瓦山湿地公园　摄影/曾旭东

娇项晨曦——大瓦山国家湿地公园　摄影/张兵

大瓦山国家湿地公园及鹿儿坪、转转花（学名：灯台报春花）　摄影/张兵

五池春早——大瓦山国家湿地公园　摄影/张兵

醉美黑竹沟——乐山市峨边县黑竹沟镇　摄影/葛亚洪

黑竹沟秋色　摄影/王永春

云上彝家新村——黑竹沟镇底底古村　摄影/刘永宁

雪兆黑竹沟　摄影/黎学文

乐山的森林草地　摄影/罗安全

乐山市峨边县黑竹沟保护区　摄影/罗安全

乐山市峨眉山冷杉林（一） 摄影/黄强

乐山市峨眉山冷杉林（二） 摄影/黄强

林草资源现状（六）

单位：公顷

资源 \ 县（市、区）		沙湾区	沐川县	市中区
森林	幅员面积	60526.08	140698.80	83713.14
	森林覆盖率	59.62%	72.33%	40.57%
	森林面积	36085.06	101770.89	33964.25
	林地面积	38840.56	111021.36	38897.04
草原	草地面积	234.01	177.62	515.43
湿地	湿地面积	104.84	65.81	538.31

乐山市沙湾区二峨、三峨山全景

乐山市沙湾区太平镇混交林

乐山市沙湾区太平镇桢楠林

沙湾大渡河国家湿地公园　摄影/顾海军

沙湾大渡河国家湿地公园的河漫滩植被景观
摄影/顾海军

乐山市沐川国家森林公园竹海景区　摄影/吕冰

乐山市市中区三江聚佛　摄影/吕冰

乐山市市中区水口镇三兴村阔叶林（桤木） 摄影/田勇强

乐山市市中区水口镇罗汉村阔叶林（巨桉） 摄影/田勇强

乐山市市中区乌尤画卷　摄影/吕冰

矿产资源

大渡河流域18个县（市、区）中阿坝州阿坝县、乐山市市中区暂无矿产资源数据，在此，对其余16个县（市、区）矿产资源进行简要介绍。

矿产资源现状（一）

单位：金/千克，锂/吨

壤塘县		
金	矿产储量	3428.24
	开发现状	1个矿山：壤塘县金木达金矿（未生产已停办）
	主要企业	福建省上杭县华辉矿建实业有限公司
马尔康市		
锂	矿产储量	466108.21
	开发现状	2个矿山：马尔康锂业技术发展有限责任公司（阿拉伯503锂矿）（关闭）、四川省马尔康金鑫矿业有限公司马尔康党坝锂辉石矿（生产）
	主要企业	马尔康锂业技术发展有限责任公司、四川省马尔康金鑫矿业有限公司

矿产资源现状（二）

单位：锂/吨，金/千克

金川县		
锂	矿产储量	654215.3
	开发现状	3个矿山：金川县观音桥锂辉石矿（停产）、四川省金川县李家沟锂辉石矿（在建）、金川县业隆沟锂辉石矿（生产）
	主要企业	阿坝州安泰矿业有限公司、四川德鑫矿业资源有限公司、金川奥伊诺矿业有限公司
小金县		
金	矿产储量	3540.94
	开发现状	3个矿山：小金县董家沟金矿（生产）、四川凌冶矿业有限公司小金县落河硐金矿（生产）、小金县门子沟新台子金矿（停产）
	主要企业	小金县董家沟金矿、四川凌冶矿业有限公司、小金县金源矿业有限责任公司

矿产资源现状（三）

单位：金/千克，镍/吨

丹巴县		
金	矿产储量	28985.25
	开发现状	5个矿山（生产2个）：成都火山岩科技有限公司燕子沟金矿（生产）、丹巴美河矿业有限责任公司独狼沟金矿（生产）
	主要企业	成都火山岩科技有限公司、丹巴美河矿业有限责任公司
镍	矿产储量	322031.6
	开发现状	3个矿山：丹巴县星辰有色金属矿业有限公司丹巴杨柳坪铂镍矿、丹巴县协作铂镍有限责任公司协作坪铂镍矿、丹巴县星辰有色金属矿业有限公司丹巴杨柳坪正子岩窝铂镍矿
	主要企业	丹巴县星辰有色金属矿业有限公司、丹巴县协作铂镍有限责任公司

矿产资源现状（四）

单位：锂/吨，金/千克

康定市		
锂	矿产储量	420095.4
	开发现状	1个矿山：甘孜州融达锂业有限公司康定甲基卡锂辉石矿（生产）
	主要企业	甘孜州融达锂业有限公司
金	矿产储量	53513.78
	开发现状	24个矿山（生产6个）：康定金鑫矿业旅游股份有限公司康定金矿（生产）、康定黄金坪矿业有限责任公司黄金坪金矿（生产）、康定黄金坪矿业有限责任公司三碉金矿（生产）等
	主要企业	康定金鑫矿业旅游股份有限公司、康定黄金坪矿业有限责任公司等

矿产资源现状（五）

单位：金/千克

泸定县		
金	矿产储量	2491.12
	开发现状	1个矿山：泸定县康庄矿业发展有限公司黄草坪金矿（停产）
	主要企业	泸定县康庄矿业发展有限公司

四川丹巴云母矿八三年度劳模大会全体代表、工作人员合影（1983年）

毛主席著作
毛泽东

云母矿
活学活用毛泽东思想积代会留影 1970.9.

续表

色达县		
金	矿产储量	7017.1
	开发现状	2个矿山：色达县扎玛弄金矿（关闭）、色达县洛若金矿（关闭）
	主要企业	/

矿产资源现状（六）

单位：碲/吨

石棉县		
碲	矿产储量	288.2
	开发现状	2个矿山：四川鑫炬矿业资源开发股份有限公司石棉马家沟碲铋矿（停产）、四川石棉鑫炬大渡河矿冶开发有限公司（石棉大水沟碲铋硫铁矿）（停产）
	主要企业	四川鑫炬矿业资源开发股份有限公司、四川石棉鑫炬大渡河矿冶开发有限公司

矿产资源现状（七）

单位：铅、锌/吨

汉源县		
铅	矿产储量	312638.92
	开发现状	15个矿山（生产3个）：四川省乾盛矿业有限责任公司汉源县乌斯河铅锌矿（生产）、汉源锦泰矿业有限公司唐家铅锌矿（生产）、汉源纳川矿业有限公司团宝山铅锌矿（生产）等
	主要企业	四川省乾盛矿业有限责任公司、汉源锦泰矿业有限公司、汉源纳川矿业有限公司等
锌	矿产储量	801455.64
	开发现状	15个矿山（生产3个）：四川省乾盛矿业有限责任公司汉源县乌斯河铅锌矿（生产）、汉源锦泰矿业有限公司唐家铅锌矿（生产）、汉源纳川矿业有限公司团宝山铅锌矿（生产）等
	主要企业	四川省乾盛矿业有限责任公司、汉源锦泰矿业有限公司、汉源纳川矿业有限公司等

石棉矿老矿部大门

石棉矿第一次工作会议（1953年）

部队转业上矿后第
一次分配任务

英雄们在荒山斜坡上
开辟道路
来源/《解放军画报》

矿井里的第一个红旗班
来源/《人民画报》
（1959年8月）

“川矿记忆”景观石

“川矿记忆”园区入口

复原的“1248”坑场景

“开天辟地”浮雕

矿文化中心

忠字碑

矿产资源现状（八）

单位：铅、锌/吨

甘洛县		
铅	矿产储量	668055.01
	开发现状	12个矿山（生产5个）：甘洛县尔呷地吉铅锌矿业有限公司尔呷地吉铅锌矿（生产）、甘洛豫光矿业有限责任公司赤普Ⅱ铅锌矿（生产）、四川甘洛县株冶乐日沟矿业有限公司乐日沟Ⅱ铅锌矿（生产）等
	主要企业	甘洛县尔呷地吉铅锌矿业有限公司、甘洛豫光矿业有限责任公司、四川甘洛县株冶乐日沟矿业有限公司
锌	矿产储量	615381.43
	开发现状	12个矿山（生产5个）：甘洛县尔呷地吉铅锌矿业有限公司尔呷地吉铅锌矿（生产）、甘洛豫光矿业有限责任公司赤普Ⅱ铅锌矿（生产）、四川甘洛县株冶乐日沟矿业有限公司乐日沟Ⅱ铅锌矿（生产）等
	主要企业	甘洛县尔呷地吉铅锌矿业有限公司、甘洛豫光矿业有限责任公司、四川甘洛县株冶乐日沟矿业有限公司等

矿产资源现状（九）

单位：磷/千吨

乐山市金口河区		
磷	矿产储量	21487.23
	开发现状	1个矿山：四川商舟实业有限公司老汞山磷矿（生产）
	主要企业	四川商舟实业有限公司
峨边县		
磷	矿产储量	55529.39
	开发现状	5个矿山：四川峨边华竹沟矿业开发有限公司华竹沟磷矿（在建）、乐山市卓业凯成矿业有限公司锣鼓坪磷矿（在建）等
	主要企业	四川峨边华竹沟矿业开发有限公司、乐山市卓业凯成矿业有限公司等

矿产资源现状（十）

单位：水泥用灰岩/千吨，铜/吨

峨眉山市		
水泥用灰岩	矿产储量	705248.4
	开发现状	3个矿山：四川金顶顺采矿业有限公司黄山石灰石矿山（生产）、四川峨胜水泥集团股份有限公司峨胜采矿场（生产）、峨眉山市兴联矿业有限公司石灰岩矿（生产）
	主要企业	四川金顶顺采矿业有限公司、四川峨胜水泥集团股份有限公司、峨眉山市兴联矿业有限公司
沙湾区		
铜	矿产储量	75189
	开发现状	1个矿山：乐山市沙湾区金水山铜矿（在建）
	主要企业	乐山市佰瑞德地质矿产应用研究有限公司
沐川县		
铜	矿产储量	64068
	开发现状	1个矿山：沐川恒基矿业有限公司沐川县喻家坪铜矿（生产）
	主要企业	沐川恒基矿业有限公司